Descubra Juegos Gratis Online

Disponibles Aquí:

BestActivityBooks.com/FREEGAMES

5 CONSEJOS PARA EMPEZAR

1) CÓMO RESOLVER LAS SOPA DE LETRAS

Los rompecabezas tienen un formato clásico:

- Las palabras se ocultan sin espacios ni guiones,...
- Orientación: Las palabras pueden escribirse hacia delante, hacia atrás, hacia arriba, hacia abajo o en diagonal (pueden estar invertidas).
- Las palabras pueden superponerse o cruzarse.

2) APRENDIZAJE ACTIVO

Junto a cada palabra hay un espacio para anotar la traducción. Para fomentar un aprendizaje activo, un **DICCIONARIO** al final de esta edición te permitirá comprobar y ampliar tus conocimientos. Busca y anota las traducciones, encuéntralas en el puzzle y añádelas a tu vocabulario!

3) MARCAR LAS PALABRAS

Puedes inventar tu propio sistema de marcado. ¿Quizás ya usas uno? También puedes, por ejemplo, marcar las palabras difíciles de encontrar con una cruz, las que te gustan con una estrella, las nuevas con un triángulo, las raras con un diamante, etc.

4) ESTRUCTURAR EL APRENDIZAJE

Esta edición ofrece un **CUADERNO DE NOTAS** muy práctico al final del libro. En vacaciones, de viaje o en casa, podrás organizar fácilmente tus nuevos conocimientos sin necesidad de un segundo cuaderno!

5) ¿HABÉIS TERMINADO TODAS LAS PARRILLAS?

En las últimas páginas de este libro, en la sección **DESAFÍO FINAL**, encontrarás un juego gratis!

¡Rápido y sencillo! Echa un vistazo a nuestra colección de libros de actividades para tu próximo momento de diversión y aprendizaje, ¡a sólo un clic de distancia!

Encuentre su próximo reto en:

BestActivityBooks.com/MiProximoLibro

En sus marcas, listos, ¡Ya!

¿Sabías que hay unas 7.000 lenguas diferentes en el mundo? Las palabras son preciosas.

Nos encantan los idiomas y hemos trabajado duro para crear libros de la más alta calidad para tí. ¿Nuestros ingredientes?

Una selección de temas adecuados para el aprendizaje, tres buenas porciones de entretenimiento, y luego añadimos una cucharada de palabras difíciles y una pizca de palabras raras. Los servimos con cariño y máxima diversión para que puedas resolver los mejores juegos de palabras y te diviertas aprendiendo!

Tu opinión es esencial. Puedes participar activamente en el éxito de este libro dejándonos un comentario. Nos encantaría saber qué es lo que más le ha gustado de esta edición.

Aquí hay un enlace rápido a tu página de pedidos:

BestBooksActivity.com/Opiniones50

Gracias por tu ayuda y diviértete!

Todo el equipo

1 - Agua

```
D  B  H  G  S  D  R  C  L  J  K  Y  F  O  A
U  H  A  V  N  N  S  R  A  B  K  C  I  R  D
S  G  B  L  Ö  I  S  E  N  A  K  R  O  E  O
C  U  S  A  X  B  U  G  A  R  D  O  M  S  L
H  T  W  M  V  F  Z  N  K  M  N  G  R  J  F
F  R  O  S  T  D  R  B  J  D  V  Å  B  E  B
F  U  M  S  T  U  U  L  U  O  D  V  X  G  L
Y  U  O  J  G  N  I  N  T  T  A  V  E  B  H
N  J  K  Ö  Y  K  Y  C  S  P  C  G  R  W  M
G  S  Y  T  X  B  I  H  T  T  X  A  G  B  F
X  R  M  G  I  R  Z  A  D  X  N  K  J  O  L
L  Y  P  R  G  G  I  T  K  U  F  I  U  T  H
M  O  N  S  U  N  H  Å  N  G  A  C  N  C  Y
B  V  D  N  L  F  N  E  M  E  G  A  U  G  K
X  W  D  W  O  D  H  I  T  K  A  H  F  O  G
```

KANAL	REGN
DUSCH	MONSUN
AVDUNSTNING	SNÖ
GEJSER	HAV
FROST	VÅGOR
IS	DRICKBAR
FUKTIGHET	BEVATTNING
ORKAN	FLOD
FUKTIG	ÅNGA
SJÖ	

2 - Arqueología

```
T V U P K E T L P O J L P M J
A R E E V A Y N O F S P R Y N
R N F O S S I L U S E S O S E
G C T J J B O X Y W I X F T T
E L T I E R A K S R O F E E E
F J Ö P K Å I X Ä B E N S R A
N D T M P E X S G N E A S I M
Z O O N T H N R W H D G O U E
C I V I L I S A T I O N R M X
T E M P E L Y G R A V K K A P
R Z X P V Y L K I L W U W C E
E S R K I C A P L M H B Y I R
L V O P O I N Ä T T L I N G T
I T M C K X A O B J E K T G L
K U T V Ä R D E R I N G O I W
```

ANALYS
ANTIKEN
ÅR
CIVILISATION
ÄTTLING
OKÄND
TEAM
ERA
UTVÄRDERING
EXPERT

FOSSIL
BEN
FORSKARE
MYSTERIUM
OBJEKT
GLÖMT
PROFESSOR
RELIK
TEMPEL
GRAV

3 - Granja #2

```
F  K  O  R  N  T  G  O  A  K  S  R  K  B  G
I  R  N  A  W  R  K  N  N  N  W  L  L  I  R
V  T  U  S  J  A  M  G  H  O  E  L  A  K  Ö
T  C  T  K  K  K  O  Z  S  X  C  I  M  U  N
K  C  A  D  T  T  R  P  B  E  I  P  A  P  S
S  D  M  N  K  O  D  L  E  D  N  O  B  A  A
S  I  M  H  K  R  G  S  V  X  H  J  D  D  K
U  F  A  D  E  A  N  W  A  Ä  N  G  P  A  N
C  V  L  O  T  R  V  J  T  Z  M  T  X  L  D
M  Z  Z  T  E  Y  D  C  T  M  J  Ö  L  K  V
T  R  L  F  V  Z  N  E  N  P  J  P  H  S  C
F  W  K  Å  N  Y  O  K  I  N  J  Y  U  D  B
C  A  S  R  K  S  D  O  N  R  Y  N  N  J  M
H  L  R  Y  X  K  U  C  G  P  K  R  X  U  R
F  R  U  K  T  T  R  Ä  D  G  Å  R  D  R  Y
```

BONDE	LAMA
DJUR	MAJS
KORN	FÅR
BIKUPA	HERDE
MAT	ANKA
LAMM	ÄNG
FRUKT	BEVATTNING
LADA	TRAKTOR
FRUKTTRÄDGÅRD	VETE
MJÖLK	GRÖNSAK

4 - La Empresa

```
F  G  A  T  E  R  Ö  F  D  K  Y  M  P  P  R
Y  N  I  G  E  T  S  M  A  R  F  Ö  R  R  I
K  I  I  K  L  K  L  N  T  E  Y  J  E  O  S
B  R  G  N  D  U  N  M  Y  A  Z  L  S  F  K
G  E  A  D  N  D  F  E  V  T  M  I  E  E  E
P  T  S  V  M  O  G  N  D  I  E  G  N  S  R
X  S  A  L  Y  R  V  L  S  V  D  H  T  S  E
M  E  S  I  U  P  U  A  O  O  E  E  A  I  D
K  V  Y  L  H  T  C  M  B  L  T  T  O  N
F  N  E  R  V  H  G  B  J  I  A  I  I  N  E
P  I  T  E  N  H  E  T  E  R  V  L  O  E  R
I  N  K  O  M  S  T  L  Ö  N  S  T  N  L  T
I  W  Y  M  B  D  Z  O  B  I  U  P  V  L  P
I  I  R  T  S  U  D  N  I  W  C  R  T  X  D
N  A  N  Z  K  V  A  L  I  T  E  T  D  X  A
```

KVALITET
KREATIV
BESLUT
GLOBAL
INDUSTRI
INKOMST
INNOVATIVT
INVESTERING
FÖRETAG
MÖJLIGHET

PRESENTATION
PRODUKT
PROFESSIONELL
FRAMSTEG
MEDEL
RYKTE
RISKER
LÖN
TRENDER
ENHETER

5 - Aviones

```
V  Ä  T  E  D  J  Ö  H  I  S  T  O  R  I  A
L  U  F  T  D  A  B  M  H  B  O  N  E  S  K
E  F  P  A  J  E  B  X  D  M  L  A  L  G  O
M  B  B  A  T  M  S  W  J  P  I  V  L  R  N
M  R  E  H  S  M  N  I  V  E  P  I  E  I  S
I  Ä  S  N  W  S  O  K  G  T  C  G  P  K  T
H  N  Ä  I  Z  O  A  S  O  N  K  E  O  T  R
Z  S  T  B  E  F  H  G  F  N  C  R  R  N  U
F  L  T  A  C  J  R  K  E  Ä  B  A  P  I  K
G  E  N  R  G  G  S  R  A  R  R  K  S  N  T
K  P  I  B  A  L  L  O  N  G  A  F  J  G  I
C  N  N  G  R  B  Z  T  Y  O  F  R  S  V  O
L  H  G  P  K  X  N  O  Z  H  Z  Y  E  P  N
Ä  V  E  N  T  Y  R  M  L  U  B  D  E  O  W
L  A  N  D  N  I  N  G  P  F  Y  A  J  I  X
```

LUFT
HÖJD
LANDNING
ATMOSFÄR
ÄVENTYR
HIMMEL
BRÄNSLE
KONSTRUKTION
RIKTNING
DESIGN

BALLONG
PROPELLER
VÄTE
HISTORIA
MOTOR
NAVIGERA
PASSAGERARE
PILOT
BESÄTTNING

6 - Tipos de Cabello

```
Z  M  B  F  U  M  V  S  R  O  T  Ä  L  F  U
K  Z  F  U  O  Y  K  N  D  F  K  C  O  J  T
A  W  N  C  R  E  V  L  I  S  L  I  C  M  R
D  E  D  N  A  N  I  K  S  M  H  L  K  L  O
F  R  I  S  K  A  T  V  E  B  Y  D  I  Y  K
U  R  S  Y  C  U  P  U  T  U  N  N  G  V  Y
S  O  G  J  O  E  J  J  J  H  U  O  T  I  H
U  T  J  Y  L  D  S  M  A  K  R  L  H  T  H
S  J  Y  K  I  N  X  G  F  T  B  B  A  V  D
Z  V  D  L  J  L  I  R  B  E  G  T  U  D  A
V  X  A  P  Å  C  B  I  X  U  V  Å  G  I  G
P  T  T  R  I  N  G  O  O  E  S  M  F  F  J
M  W  Ä  X  T  W  G  I  L  L  A  K  S  C  G
T  P  L  X  K  G  Z  G  R  Å  N  A  W  H  H
I  Z  F  W  V  P  V  X  S  C  P  B  H  L  T
```

VIT	VÅGIG
SKINANDE	SILVER
SKALLIG	LOCKIGT
KORT	LOCKAR
TUNN	BLOND
GRÅ	FRISKA
TJOCK	TORR
LÅNG	MJUK
BRUN	FLÄTAD
SVART	FLÄTOR

7 - Ética

```
T  W  R  T  D  O  M  A  L  Å  T  K  A  I  Z
O  J  F  E  M  O  F  Z  L  B  Z  L  T  B  E
L  B  I  H  S  Z  U  K  I  T  J  T  E  Z  T
E  H  L  G  I  P  Y  F  C  L  R  V  H  M  E
R  R  O  I  M  X  E  T  L  R  L  U  G  O  B
A  I  S  L  I  Z  K  K  G  U  I  H  I  D  R
N  M  O  N  T  U  K  A  T  P  E  M  L  S  A
S  L  F  Ä  P  C  O  H  O  F  B  S  R  I  M
L  I  I  V  O  P  Y  D  W  L  U  I  Ä  V  A
X  G  V  Ä  R  D  I  G  H  E  T  L  H  I  S
I  N  T  E  G  R  I  T  E  T  N  A  L  Y  C
S  Y  M  Ä  N  S  K  L  I  G  H  E  T  E  N
D  I  P  L  O  M  A  T  I  S  K  R  D  M  C
M  E  D  K  Ä  N  S  L  A  V  Ä  R  D  E  N
M  J  R  A  T  I  O  N  A  L  I  T  E  T  F
```

ALTRUISM	OPTIMISM
VÄNLIGHET	TÅLAMOD
MEDKÄNSLA	RATIONALITET
SAMARBETE	RIMLIG
VÄRDIGHET	REALISM
DIPLOMATISK	RESPEKTFULL
FILOSOFI	VISDOM
ÄRLIGHET	TOLERANS
MÄNSKLIGHETEN	VÄRDEN
INTEGRITET	

8 - Ciencia Ficción

```
A  I  Y  M  P  H  S  H  O  L  J  V  L  B  R
V  M  B  X  K  J  W  A  T  R  O  G  E  N  E
L  A  E  P  S  V  I  F  B  R  I  P  K  O  A
Ä  G  C  X  I  L  D  D  V  E  B  S  A  I  L
G  I  R  A  T  O  B  O  R  X  R  L  R  S  I
S  N  O  L  S  R  X  T  E  P  F  W  O  U  S
E  Ä  X  A  A  C  E  M  K  L  A  D  H  L  T
N  R  L  G  T  G  U  M  C  O  T  O  D  L  I
I  M  A  Y  N  S  D  T  Ö  S  O  V  U  I  S
B  R  Y  W  A  T  X  K  B  I  M  W  S  K  K
C  H  Z  S  F  X  O  T  A  O  V  Ä  R  L  D
I  T  Y  S  T  I  D  K  K  N  U  T  O  P  I
H  R  T  N  H  I  P  L  A  N  E  T  M  A  Z
D  S  A  N  V  W  S  O  E  N  C  S  Y  F  I
M  X  B  N  Y  Y  G  K  I  N  K  E  T  R  E
```

ATOM
BIO
AVLÄGSEN
EXPLOSION
EXTREM
FANTASTISK
ELD
TROGEN
GALAX
ILLUSION

IMAGINÄR
BÖCKER
MYSTISK
VÄRLD
ORAKEL
PLANET
REALISTISK
ROBOTAR
TEKNIK
UTOPI

9 - Granja #1

```
F  Y  I  K  M  G  G  D  D  T  U  N  S  Z  R
V  S  Y  H  R  N  U  C  L  N  V  B  T  H  I
S  D  S  F  Y  Å  A  T  S  Ä  H  I  A  K  S
O  V  I  S  Z  G  K  T  L  Ä  F  L  K  O  B
L  G  M  O  R  Z  R  A  A  A  Y  U  E  H  X
Å  J  R  V  U  R  N  K  S  O  X  J  T  U  U
V  S  F  H  K  A  E  O  F  L  H  O  R  N  U
A  G  N  I  L  K  C  Y  K  N  Ö  R  F  D  V
T  F  T  A  G  F  C  T  N  K  F  D  N  A  L
T  T  D  S  W  Ö  E  E  K  B  W  B  J  H  A
E  R  A  T  W  X  D  X  O  O  J  R  G  O  K
N  K  O  B  L  N  N  S  R  W  E  U  F  N  X
Z  J  K  P  Z  B  M  E  E  L  M  K  U  U  W
H  U  Y  E  G  J  F  C  O  L  G  E  T  N  H
M  L  F  Y  G  V  E  D  C  W  G  X  K  G  A
```

BI	KATT
JORDBRUK	HÖ
VATTEN	HONUNG
RIS	HUND
ÅSNA	KYCKLING
HÄST	FRÖN
GET	KALV
FÄLT	LAND
KRÅKA	KO
GÖDSEL	STAKET

10 - Camping

```
W Y K K L S S H U W I B S G K
D K O R A Y K F Z A G E K Y X
U U M E N R K W B J E R O B P
T J P P A U T T A Z X G G M S
R A A P T J M A A A H S K J T
U K S H U D L E G P V O A N U
S T S A R G H D T K E S N I G
T L I T Y Z J Ä O C N Y F C A
N W D T T C C R N I Å P X I U
I K M T N B C T A G M A S A X
N C A S E S B A K W M P M S D
G N M J V L Z B T M R A E M Y
G S V Ö Ä P B J M B G I T N B
G L F B M H M Z X O M J D T G
P G F Z D P J Z X G N P P C A
```

DJUR	ELD
ÄVENTYR	HÄNGMATTA
TRÄD	INSEKT
SKOG	SJÖ
KOMPASS	LYKTA
STUGA	MÅNE
KANOT	KARTA
JAKT	BERG
REP	NATUR
UTRUSTNING	HATT

11 - Fruta

```
F  Z  P  O  G  E  S  F  S  A  E  K  R  D  K
A  K  G  I  V  R  Ä  B  S  R  Ö  K  H  A  O
B  V  Z  W  N  Y  J  M  A  J  U  W  A  P  K
Ä  M  O  I  I  L  X  E  T  N  S  D  L  E  O
R  Ä  G  K  R  P  V  L  B  O  A  I  L  L  S
Y  P  N  C  A  V  D  O  Z  R  N  N  O  S  G
Z  P  A  I  T  D  G  N  C  Ä  A  F  N  I  S
N  L  M  T  K  D  O  U  F  P  N  R  W  N  A
B  E  C  R  E  R  C  A  A  Y  A  P  A  P  P
S  Z  K  O  N  U  M  J  G  V  O  Z  A  I  R
S  T  K  N  M  V  N  M  T  I  A  M  W  I  I
W  E  L  C  I  A  N  E  H  M  W  S  U  H  K
J  E  L  U  V  J  J  A  N  U  B  D  D  T  O
E  V  Y  D  W  C  Y  S  J  G  K  S  K  D  S
P  E  R  S  I  K  A  G  B  V  A  C  D  D  I
```

AVOKADO	ÄPPLE
APRIKOS	PERSIKA
BÄR	MELON
KÖRSBÄR	APELSIN
KOKOS	NEKTARIN
HALLON	PAPAYA
GUAVA	PÄRON
KIWI	ANANAS
CITRON	BANAN
MANGO	DRUVA

12 - Geología

```
K I W I X I L E A H I A G A J
R Z T P P B C P U M A S V N X
I S T R A V K K P C U I A P H
S J Y L A G E R V U P N O L P
T O S R V T N E N I T N O K T
A R T F A B V L K A L C I U M
L D A O L D W A F G D T N R P
L B L S L L A R O K E P J H L
E Ä A S W O C E M L I J B O A
R V K I O V B N E P Y K S D T
S N T L I N O I S O R E O E Å
W I I D P S I M G R O T T A R
M N T M G F S T E N A K L U V
M G S T A L A G M I T E R H F
W D M I S E X I V B A S D H M
```

SYRA
KALCIUM
LAGER
GROTTA
KONTINENT
KORALL
KRISTALLER
KVARTS
EROSION
STALAKTIT

STALAGMITER
FOSSIL
GEJSER
LAVA
PLATÅ
MINERALER
STEN
SALT
JORDBÄVNING
VULKAN

13 - Álgebra

```
O C V R A F V A R I A B E L O
R X I T W O R N S W R X N V Ä
U J C W R T O A U O Ä O T S N
L G V W O E P L K Z J S E U D
Z M Z B T P D K B T N K T B L
F A L S K L C N N N I N I T I
N R F X A B N E O E L O T R G
F G P O F R T R L N Ö I N A C
U A O A R F D Ö L O S T A K B
R I P L R M C F U P N A V T G
W D T J R E E G W X I V K I A
M A T R I S N L Y E N K L O U
C K V P U N Z T K G G E K N Z
S I F F R A K M E L B O R P B
G D M K C R N O I S I V I D P
```

KVANTITET
NOLL
DIAGRAM
DIVISION
EKVATION
EXPONENT
FAKTOR
FALSK
FORMEL
FRAKTION

OÄNDLIG
LINJÄR
MATRIS
SIFFRA
PARENTES
PROBLEM
SUBTRAKTION
FÖRENKLA
LÖSNING
VARIABEL

14 - Plantas

```
B U L A I W S R B R G I N L Z
R D V W D N G O U E D R K W D
K A K T U S C H S G A H Ä E T
U L X G D R G B K T U D M S Z
B B I G J V G I E M N F K E O
M O U I J B R A M M O L B X T
A R T I R Z Y C O H Z S J D R
B X C A B Ä R F L O R A S D Ä
F E Z A N Ö B S E Y S N U A D
T T M F Y I I X S T S Ö N L G
T R Ä D J J K C D E N R N B Å
L Ö V V E R K U Ö A E G I N R
Z L R N R O T X G O O R F O D
V E G E T A T I O N D U X R S
U I L S K O G O P X X M A K O
```

BUSKE
TRÄD
BAMBU
BÄR
SKOG
BOTANIK
KAKTUS
GÖDSEL
BLOMMA
FLORA

LÖVVERK
BÖNA
MURGRÖNA
GRÄS
BLAD
TRÄDGÅRD
MOSSA
KRONBLAD
ROT
VEGETATION

15 - Suministros de Arte

```
A  S  S  A  N  S  V  G  J  E  R  S  L  B  S
F  E  O  A  O  T  I  A  R  E  M  A  K  H  U
D  N  K  K  S  A  O  P  T  I  Y  R  C  X  D
R  E  G  R  Ä  F  L  M  E  T  R  O  Ä  B  D
O  H  A  Y  A  F  J  C  T  Z  E  N  L  I  G
N  F  G  L  B  L  A  M  I  L  L  N  B  U  U
V  E  Z  D  L  I  M  P  V  O  L  E  Y  L  M
O  P  C  S  N  X  G  G  I  K  E  P  C  G  M
T  D  T  A  T  R  W  D  T  Ä  R  E  É  D  I
L  G  L  K  P  O  N  V  A  R  A  B  U  J  V
L  X  F  O  A  R  L  F  E  T  V  H  G  K  A
V  E  G  O  P  F  N  D  R  J  K  I  V  P  V
B  I  R  J  P  W  W  A  K  X  A  B  U  M  S
F  R  Ä  A  E  B  O  R  S  T  A  R  L  B  S
U  R  F  W  R  R  A  B  W  T  A  B  E  L  L
```

OLJA	FÄRGER
AKRYL	KREATIVITET
AKVARELLER	IDÉER
VATTEN	PENNOR
LERA	TABELL
SUDDGUMMI	PAPPER
STAFFLI	LIM
TRÄKOL	FÄRG
KAMERA	STOL
BORSTAR	BLÄCK

16 - Negocio

```
K  V  F  A  B  R  I  K  P  I  B  S  T  B  A
K  A  A  I  U  X  P  E  K  N  U  X  R  K  R
O  T  R  L  F  Y  A  K  Z  V  T  U  A  N  B
N  N  C  R  U  L  K  O  J  E  I  M  N  A  E
T  U  I  K  I  T  A  N  J  S  K  O  S  E  T
O  I  Y  S  C  Ä  A  O  T  T  A  B  A  R  S
R  W  E  R  N  O  R  M  N  E  J  K  K  E  G
P  E  N  G  A  R  E  I  Z  R  O  S  T  T  I
F  G  B  U  D  G  E  T  J  I  B  M  I  T  V
I  A  N  S  T  Ä  L  L  D  N  B  K  O  A  A
N  T  S  D  V  V  T  V  O  G  Y  O  N  K  R
A  E  V  F  C  B  P  B  A  U  P  S  M  S  E
N  R  K  X  W  B  M  O  Z  R  F  T  Z  W  R
S  Ö  M  W  H  P  G  K  U  R  O  A  R  S  F
T  F  P  G  N  I  N  J  L  Ä  S  R  Ö  F  A
```

KARRIÄR
KOSTA
RABATT
PENGAR
EKONOMI
ANSTÄLLD
ARBETSGIVARE
FÖRETAG
FABRIK
FINANS

SKATTER
INVESTERING
VAROR
VALUTA
KONTOR
BUDGET
BUTIK
JOBB
TRANSAKTION
FÖRSÄLJNING

17 - Jardín

```
K F B T I T U V B S T C H Z J
J N R J E K S U B T R G R Ä S
W K V U B R C C D A A F C E Ä
B K U X K A R M D K M X P Z R
R N O G Z T U A U E P H N G G
U Ä C V A T T B S T O T F J O
O B F X T A M R B S L A B J V
R G Z S T M N W Ä M I D A M M
G B L F A S U W A D N A R E V
Z O I C M Ä B M U Ä G N A L S
G M R S G R T T R T Å G E I
M E A C N G J H N T Y T R N I
N D H K Ä M O B L O M M A D L
O W J K H W R S K Y F F E L B
G A R A G E D R Å G D Ä R T X
```

BUSKE
TRÄD
BÄNK
GRÄSMATTA
DAMM
BLOMMA
GARAGE
HÄNGMATTA
GRÄS
FRUKTTRÄDGÅRD

TRÄDGÅRD
OGRÄS
SLANG
SKYFFEL
VERANDA
RÄFSA
JORD
TERRASS
TRAMPOLIN
STAKET

18 - Países #2

```
R Z W W F G K A G H J B S D M
T W C Y R D R I H S A A Y X C
Y W H A V V E H O P O R D H
X G A A N D C A K R A R I A V
P W H S K O O E U L N F E N P
A E K I R R E T S Ö A D N M A
P L A C I A M A J J T N Y A K
M O B U K V K A D A S A D R I
E S R A E X E W N Z O L O K S
X U E T N E I L A R T S U A T
I D D E U I Y A L X H S I S A
C A L Y Y G E R R N L Y B N N
O N W B I K A N I G A R W S U
U K R A I N A L Z H O E G S E
I N D O N E S I E N S V G E J
```

ALBANIEN
AUSTRALIEN
ÖSTERRIKE
DANMARK
FRANKRIKE
GREKLAND
INDONESIEN
IRLAND
JAMAICA

JAPAN
LAOS
MEXICO
PAKISTAN
PORTUGAL
RYSSLAND
SYRIEN
SUDAN
UKRAINA

19 - Números

```
N O T T E R T S J P N J U V H
O Y O K T S J M D S I O S V N
L L C R M W J M K A T I T E Z
L A N L V F N X F I T T Y R X
S M O R I U E X V L O T R D A
N I O F X O H Z K A N C X C R
O C S W K B O E T E O S G J Y
T E J I I F A N N O T R O J F
T D Y I F S T T M J M G I I Y
U B I O G U J T R E E F F T W
J S E X T O N U P D F Z E H T
S B Y B A M K O Å T T A M Y J
F X Z L T I C V H L M C F K E
T V Å H R U L O O F B H M E E
Y T U C W D G H A O R H W B V
```

FJORTON	TOLV
NOLL	TVÅ
FEM	NIO
FYRA	ÅTTA
DECIMAL	FEMTON
NITTON	SEX
ARTON	SJU
SEXTON	TRETTON
SJUTTON	TRE
TIO	TJUGO

20 - Física

```
U F H A S T I G H E T S I K K
N O X N B T C G A S B J K E H
I R O T O M K I N A K E M M I
V M O T A H R A V L L A U I O
E E P G E X Z Y O O M I N S O
R L E K D T P J J S Z K G K Z
S V W E M N I E L E K T R O N
E H I E S W T S M O L E K Y L
L R B L L V N P U U Y H S
L H K N O I T A R E L E C C A
K Ä R N K R A F T J D P A P S
M A S S A P A R T I K E L T K
X S N F R E K V E N S V S D G
R E L A T I V I T E T F T D G
M A G N E T I S M L J P Y B K
```

ACCELERATION	MASSA
ATOM	MEKANIK
KAOS	MOLEKYL
DENSITET	MOTOR
ELEKTRON	KÄRNKRAFT
FORMEL	PARTIKEL
FREKVENS	KEMISK
GAS	RELATIVITET
ALLVAR	UNIVERSELL
MAGNETISM	HASTIGHET

21 - Belleza

```
Y O Z E Z L R C H K Y P P O X
S C H A M P O H U D M R A H C
S H C C K N I M S B P O U F M
C A E X F I B T L C J D Å N Y
K R X E T O T F O D T U R M E
P E X K F S O E H I U K Y V D
S T Y L I S T L M Y M T K N K
N S V E T F N H J S J E P M W
A N P G S F A C P O O R W C S
G Ä K E P G G R Ä F R K U W H
E J A P P Z E S B O A K A J H
L T S S Ä J L Z L H K W A I F
E B Z Y L N E D G P C I V D P
I T T M A S C A R A O P S N I
F O T O G E N I S K L F Z J B
```

OLJOR	DOFT
SCHAMPO	NÅD
FÄRG	SMINK
KOSMETIKA	HUD
ELEGANS	LÄPPSTIFT
ELEGANT	PRODUKTER
CHARM	LOCKAR
SPEGEL	MASCARA
STYLIST	TJÄNSTER
FOTOGENISK	SAX

22 - Países #1

```
H M M B N Z L B E L G I E N X
O A A A U N E I L I S A R B W
N R R Z L N U I B U J V I S H
D O G P B I N K J Y N M W F A
U C E V R O D A U C E I A Y T
R K N E T D C U J K A N V Y F
A O T E E L N G E G Y P T E N
S K I N L F O A M P G E K V E
U K N E T M R R M K A Z C U I
U A A I U N G A Y A F N L L D
Y N E L O P E C X G M H A R N
R A D A I L Z I W N X B O M I
U D Z T G W E N E I N A P S A
Z A F I L I P P I N E R N A L
I J N T U U T Y S K L A N D M
```

TYSKLAND   INDIEN
ARGENTINA   ITALIEN
BELGIEN   LIBYEN
BRASILIEN   MALI
KANADA   MAROCKO
ECUADOR   NICARAGUA
EGYPTEN   NORGE
SPANIEN   PANAMA
FILIPPINERNA   POLEN
HONDURAS

23 - Mitología

```
M Y H I M M E L B H O D S E D
X O L E G E N D W J B P F E Ö
Å D N M Ä H L X G Ä K H X B D
Z S F S R E K N C L P Z T E L
S J K F T H M A Z T V U C T I
A V G A V E W H T E A R S E G
E P U T N I R Y B A L G E E F
S V A R T S J U K A S Y C N S
L K R I G A R E Y X R T B D M
E S T Y R K A D V L U T R E C
R B L I X T A R K E T Y P O C
A S K A P A N D E K L U M R F
V C R K V A P G O L U W E T Z
O D Ö D L I G H E T K L A T B
N T B E B K P I Z H W O K J C
```

ARKETYP
SVARTSJUKA
HIMMEL
BETEENDE
SKAPANDE
TRO
VARELSE
KULTUR
KATASTROF
STYRKA

KRIGARE
HJÄLTE
ODÖDLIGHET
LABYRINT
LEGEND
MONSTER
DÖDLIG
BLIXT
ÅSKA
HÄMND

24 - Ecología

```
T A M I L K U R K M Y B R Y P
O S W X H A N V Ä S D G N Ä M
R I B B D G I I R Z I P O Y J
K M C J A I V U R N O K I C P
A Ö V E R L E V N A D R T M R
L S G J L R S U E M M G A H M
A I B U W U J L L V Ä X T E R
B Y V B T T R A L G V G E V A
O M V S M A N I Ä R B Z G Z B
L E C L M N N N H E Z J E N L
G D V H O I K U M G Y J V A L
G E M N X L L T A R O L F T Å
I L S E K T K J S F N C R U H
C G P S R S A K Ö G O O Z R J
M Å N G F A L D E P P J H G J
```

KLIMAT
SAMHÄLLEN
MÅNGFALD
ART
FAUNA
FLORA
GLOBAL
LIVSMILJÖ
MARIN
NATURLIG

NATUR
KÄRR
VÄXTER
MEDEL
TORKA
HÅLLBAR
ÖVERLEVNAD
MÄNGD
VEGETATION

25 - Casa

```
K V A S T B V J T G F S J I A
R W G G B U H R V N D B V E S
N I L D W F C S D Z O E I O K
T N Z A E P S O V R U M N T O
E A H U M X U F K X V V D L R
K R K Ö K A D R U L P Ä R A S
A K G I E U T O L H E G O M T
T S O R X F Z T V F K G L P E
S O L L R L S T A K X J E A N
U S V M C R R E T S N Ö F P T
G A R A G E R A L L Ä K V C S
T N J W G T Ö R E F Y E Y Y B
W A E G O N D R Å G D Ä R T L
B I B L I O T E K X A I W K U
Y H P W J R L T E M B P D W R
```

MATTA	KRAN
VIND	TRÄDGÅRD
BIBLIOTEK	LAMPA
SKORSTEN	VÄGG
KÖK	GOLV
SOVRUM	DÖRR
DUSCH	KÄLLARE
KVAST	TAK
SPEGEL	STAKET
GARAGE	FÖNSTER

26 - Salud y Bienestar #2

```
P  P  B  J  K  R  S  P  P  N  Z  E  I  G  R
D  U  R  E  O  O  V  I  K  T  J  D  Y  E  G
F  R  I  S  K  A  S  U  H  K  U  J  S  N  L
M  N  R  A  H  Y  W  T  A  P  T  I  T  E  A
A  T  O  M  F  E  N  E  R  G  I  N  V  T  N
T  C  L  Y  A  U  S  G  B  R  S  V  A  I  A
S  K  A  F  G  S  V  A  L  I  V  D  G  K  T
M  P  K  K  N  X  S  M  O  D  K  U  J  S  O
Ä  B  Z  B  M  B  Z  A  D  L  N  E  O  S  M
L  N  I  M  A  T  I  V  G  A  X  D  J  C  I
T  E  Ä  K  O  V  S  D  U  E  O  C  E  W  N
N  I  J  R  I  N  F  E  K  T  I  O  N  G  B
I  G  G  N  I  N  T  M  Ä  H  R  E  T  Å  C
N  Y  P  U  G  N  I  N  T  S  E  R  F  Å  P
G  H  G  E  X  X  G  A  L  L  E  R  G  I  T
```

ALLERGI	HYGIEN
ANATOMI	SJUKHUS
APTIT	INFEKTION
KALORI	MASSAGE
KOST	NÄRING
MATSMÄLTNING	VIKT
ENERGI	ÅTERHÄMTNING
SJUKDOM	FRISKA
PÅFRESTNING	BLOD
GENETIK	VITAMIN

27 - Selva Tropical

```
Ö I H C Z M K B P N H N Z J D
V N P M R T K E P S E R U H J
E S G R Z D B V A O T U C O U
R E K I C L X A W R G T M L N
L K X B W L Z R Z M L A M V G
E T Z S D H F A X N U N A H E
V E D L A F G N Å M O S S A L
N R A L G Å F D A H X M K C C
A K L I M A T E C R E J O K J
D T I L L F L Y K T T X Y L I
V L J R M G E M E N S K A P N
S R E S T A U R E R I N G J J
D Ä G G D J U R I N H E M S K
I U K U H S J A M F I B I E R
K A F F G U B O T A N I S K V
```

AMFIBIER
BOTANISK
KLIMAT
GEMENSKAP
MÅNGFALD
ART
INHEMSK
INSEKTER
DÄGGDJUR
MOSSA

NATUR
MOLN
FÅGLAR
BEVARANDE
TILLFLYKT
RESPEKT
RESTAURERING
DJUNGEL
ÖVERLEVNAD

28 - Adjetivos #1

```
F  J  W  J  T  U  J  O  P  V  B  K  W  A  L
A  U  J  S  Z  C  Z  S  Z  I  L  C  D  N  Å
A  B  Y  R  E  J  E  K  Y  K  R  Ö  M  G  N
K  M  S  P  J  K  N  Y  F  T  V  F  K  A  G
N  A  B  O  J  L  O  L  Y  I  U  N  G  T  S
T  L  A  I  L  L  R  D  T  G  I  L  R  Ä  A
U  L  E  J  T  U  M  I  A  H  M  K  T  V  M
N  V  B  K  P  I  T  G  G  E  N  E  R  Ö  S
G  A  K  C  Y  K  Ö  K  M  O  D  E  R  N  L
U  R  O  T  S  Y  L  S  E  B  C  Z  V  D  J
L  L  U  F  E  D  R  Ä  V  F  Z  Y  C  D  U
V  I  W  P  R  V  I  T  K  A  R  T  T  A  S
N  G  C  P  W  A  X  Y  J  M  F  E  X  Z  T
M  W  J  H  B  U  A  G  M  N  I  K  P  V  T
K  S  I  T  A  M  O  R  A  K  T  I  V  F  K
```

ABSOLUT	VIKTIG
AKTIV	OSKYLDIG
AMBITIÖS	UNG
AROMATISK	LÅNGSAM
ATTRAKTIV	MODERN
LJUS	MÖRK
ENORM	PERFEKT
GENERÖS	TUNG
STOR	ALLVARLIG
ÄRLIG	VÄRDEFULL

29 - Familia

```
P M O D N R A B B S B X E U F
H O R C L R C D D G N W F W M
B R E T S Y S O W I B L P R Y
R E D K K U Z N V L F H L A U
O T A J A V A V S R G P L F S
R T F G K M M O D E R N S X I
S O R T K N P W Z D O B R U J
O D Ö T F A C O O A M A A A G
N X F C P F I O D F R R F F B
I N H V M O S T E R O N R A N
S Y S K O N B A R N M B A R D
U W I G M S R J O W O A F B S
K A V B B Z F D R W Z R U R L
Z O P K R B N D B L X N I O S
N X F B M R O A U F M E I R Z
```

MORMOR
FARFAR
FÖRFADER
FRU
SYSTER
BROR
DOTTER
BARNDOM
MOR
MAKE

MODERNS
BARNBARN
BARN
FAR
FADERLIG
KUSIN
SYSKONBARN
BRORSON
MOSTER
FARBROR

30 - Disciplinas Científicas

```
F  A  R  K  E  O  L  O  G  I  V  P  M  S  P
M  Y  G  E  O  L  O  G  I  V  O  X  E  O  S
I  T  S  R  I  Z  O  O  L  O  G  I  K  C  Y
N  A  I  I  G  O  L  O  R  U  E  N  A  I  K
E  S  M  M  O  S  H  X  K  A  N  B  N  O  O
R  T  M  E  L  L  O  U  I  V  L  O  I  L  L
A  R  U  K  O  E  O  U  T  B  M  T  K  O  O
L  O  N  Z  R  K  O  G  S  A  M  A  S  G  G
O  N  O  A  O  O  C  P  I  X  E  N  B  I  I
G  O  L  X  E  L  X  N  V  M  C  I  Y  B  T
I  M  O  Y  T  O  M  Y  G  X  E  K  S  W  Z
R  I  G  L  E  G  H  J  N  I  E  K  W  B  L
I  I  I  V  M  I  A  S  I  O  F  J  O  S  P
A  N  A  T  O  M  I  U  L  A  I  A  D  I  Z
H  B  I  O  L  O  G  I  D  Y  N  N  T  V  B
```

ANATOMI
ARKEOLOGI
ASTRONOMI
BIOLOGI
BIOKEMI
BOTANIK
EKOLOGI
FYSIOLOGI
GEOLOGI
IMMUNOLOGI

LINGVISTIK
MEKANIK
METEOROLOGI
MINERALOGI
NEUROLOGI
PSYKOLOGI
KEMI
SOCIOLOGI
ZOOLOGI

31 - Cocina

```
K Y O V O T U I C U T D I W A
S K E D A R G J B S V A M P S
Ä Z J C N O N U H V B C U Å J
T S G G N D L P L M I N D K N
P K A H A D S K Å L O G I S J
I W F L K Y C D C D A F R L X
N D F C S R R E C E P T J Y B
N T L Z W K T N D X V J X K U
A U A X L E T G R I L L M D R
R K R G S L E V W X L O V A K
A C O H K N V F Ö R K L Ä D E
M A T P K X R F O O X O U M I
H G X M P D E R K N I V A R E
U G B F P A S Y B K A Y B F U
D T Y B Y R R S R I Y K K W X
```

MAT
FRYS
SKEDAR
SLEV
KNIVAR
FÖRKLÄDE
KRYDDOR
SVAMP
UGN
KANNA

ÄTPINNAR
GRILL
RECEPT
KYLSKÅP
SERVETT
BURK
KOPPAR
SKÅL
GAFFLAR

32 - Moda

```
M L R K N A P P A R F O M M V
R O Y W E C B N S L F R Ä I K
N Y D Z B P A F K W Z I T N S
E M O E J J Z P K J G G N I E
X S O I R E D O R B U I I M L
T P L J U N D Y B A G N N A E
R E U Q I T U O B S Y A G L G
E T M T B E W G N P T L A I A
N S Ö E L R H Z J R I I R S N
D O N X Y E E B B A F E L T T
B G S T G H K W G K C S Y I F
D T T U S I K N S T E K V S M
Y P E R A C X G E I C C W K F
Z Z R E M V K V G S K N A Z C
O L T K L Ä D E R K O X N N Y
```

BRODERI	BLYGSAM
KNAPPAR	ORIGINAL
BOUTIQUE	MÖNSTER
DYR	PRAKTISK
ELEGANT	KLÄDER
SPETS	ENKEL
STIL	TYG
MÄTNINGAR	TREND
MINIMALISTISK	TEXTUR
MODERN	

33 - Electricidad

```
T  N  M  H  L  L  C  M  E  M  I  T  U  G  U
V  B  J  G  O  A  E  W  L  O  A  X  B  I  T
I  U  A  D  K  S  G  A  E  C  H  G  N  O  T
T  T  J  T  L  E  B  A  K  O  Z  I  N  U  A
I  R  B  K  T  R  O  J  T  M  B  Z  B  E  G
S  U  S  N  X  E  D  Å  R  T  P  J  B  X  T
O  S  N  K  Z  R  R  O  I  P  F  D  E  R  U
P  T  O  G  K  L  Z  I  S  C  E  V  X  K  H
L  N  F  G  R  I  B  S  K  L  A  M  P  A  T
A  I  E  L  E  K  T  R  I  K  E  R  K  N  A
G  N  L  R  V  L  U  V  N  E  G  A  T  I  V
R  G  E  T  T  G  E  N  E  R  A  T  O  R  O
I  B  T  B  Ä  G  L  Ö  D  L  A  M  P  A  J
N  K  V  A  N  T  I  T  E  T  I  E  D  Z  W
G  N  M  F  N  X  F  T  U  K  J  D  J  X  R
```

LAGRING	GENERATOR
BATTERI	MAGNET
GLÖDLAMPA	LAMPA
KABEL	LASER
TRÅD	NEGATIV
KVANTITET	OBJEKT
ELEKTRIKER	POSITIV
ELEKTRISK	NÄTVERK
UTTAG	TV
UTRUSTNING	TELEFON

34 - Salud y Bienestar #1

```
H  B  R  H  S  C  L  W  V  J  Y  P  O  E  O
D  Å  E  H  Ö  M  E  E  I  R  R  E  A  E  F
F  F  L  H  H  J  H  S  R  K  L  I  N  I  K
K  C  K  L  A  J  D  D  U  E  H  R  A  P  J
H  F  S  V  N  N  E  B  S  T  U  E  V  A  L
K  Z  U  O  L  I  D  F  L  O  N  T  I  R  V
C  W  M  H  H  U  N  L  Z  P  G  K  T  E  N
L  G  Z  I  U  H  T  G  I  A  E  A  K  T  X
E  R  K  J  D  K  Z  E  H  N  R  B  A  I  U
H  O  R  M  O  N  E  R  A  B  G  V  N  X  E
C  R  U  U  S  G  P  A  M  E  D  I  C  I  N
L  A  L  F  L  F  P  K  S  F  W  H  M  R  S
F  R  A  K  T  U  R  Ä  Y  K  F  L  V  A  R
W  O  L  S  G  N  I  L  P  P  O  K  V  A  D
G  R  E  F  L  E  X  I  H  P  L  D  G  X  U
```

AKTIV
HÖJD
BAKTERIE
KLINIK
LÄKARE
APOTEK
FRAKTUR
HUNGER
VANA
HORMONER

BEN
MEDICIN
MUSKLER
HUD
HÅLLNING
REFLEX
AVKOPPLING
TERAPI
BEHANDLING
VIRUS

35 - Adjetivos #2

```
K  B  D  D  L  P  N  M  G  J  E  F  I  B  B
Ä  E  T  R  U  I  O  D  I  O  C  R  N  R  N
N  S  N  A  I  T  R  R  O  T  I  I  T  V  N
D  K  A  M  N  V  M  L  V  T  B  S  R  S  J
V  R  D  A  S  R  A  L  I  A  V  K  E  N  B
E  I  B  T  O  A  L  W  T  E  U  A  S  S  A
S  V  I  I  N  D  L  J  A  K  Y  R  S  G  G
H  A  W  S  C  A  K  T  E  R  D  S  A  S  A
H  N  K  K  W  W  G  I  R  A  V  S  N  A  B
N  D  I  E  C  A  L  E  K  T  Y  N  T  P  V
Y  E  I  V  O  Ä  V  K  L  S  T  O  L  T  Z
T  R  Ö  T  T  I  T  U  X  E  J  T  A  I  A
K  R  Y  D  D  A  D  L  Y  P  V  L  I  J  R
I  X  S  M  R  Z  C  G  I  L  R  U  T  A  N
P  R  O  D  U  K  T  I  V  G  F  Ä  R  S  K
```

TRÖTT	NATURLIG
ÄTLIG	NORMAL
KREATIV	NY
BESKRIVANDE	STOLT
DRAMATISK	KRYDDAD
ELEGANT	PRODUKTIV
KÄND	ANSVARIG
FÄRSK	SALT
STARK	FRISKA
INTRESSANT	TORR

36 - Cuerpo Humano

```
K  S  L  H  B  N  X  X  A  X  J  Z  R  Z  X
D  V  N  A  H  L  R  P  L  D  T  C  D  G  I
A  K  K  N  E  B  O  B  N  M  B  F  F  O  A
R  W  H  D  U  H  W  D  Ä  Y  N  O  E  R  D
M  A  N  S  I  K  T  E  S  N  T  T  O  G  G
B  K  H  H  I  R  W  U  A  E  H  L  L  Z  T
Å  A  P  U  T  W  B  U  Z  T  V  E  G  Ö  U
G  H  E  V  U  V  U  S  L  N  R  D  F  R  N
E  T  T  U  V  A  B  V  O  W  B  Ä  D  A  G
Y  E  P  D  A  X  E  L  H  A  L  S  J  Y  A
G  C  P  A  N  I  K  X  Y  L  G  H  P  H  W
X  W  C  S  R  E  G  N  I  F  Z  H  T  P  J
T  P  L  C  Ä  V  P  U  Ä  Ö  G  A  A  W  C
K  W  K  P  J  G  Z  M  R  S  H  D  J  R  B
B  L  J  M  H  U  J  I  F  G  T  A  I  P  Z
```

HAKA	TUNGA
MUN	HAND
HUVUD	NÄSA
ANSIKTE	ÖGA
HJÄRNA	ÖRA
ARMBÅGE	HUD
HJÄRTA	BEN
HALS	KNÄ
FINGER	BLOD
AXEL	FOTLED

37 - Calentamiento Global

```
L T E M P E R A T U R E R U R
A S Z L W Z D W I W O D O P E
G I R T S U D N I G J X N P G
S R E K L I M A T A W I Z M E
T K S I T K R A P S X O C Ä R
I G N I L K C E V T U W U R I
F R E N O I T A R E N E G K N
T N V D S F V I N B M B W S G
N U K N L L O G F D A T A A M
I L E M B H K R L R G B Z M I
N S S K W I R E S H A Z P H L
G G N S Z U F N G K Z M U E J
J M O U R X O E Z R A J T T Ö
R O K S I N N Ä M P R R F I F
B E F O L K N I N G A R E P D
```

NU
MILJÖ
UPPMÄRKSAMHET
ARKTISK
FORSKARE
KLIMAT
KONSEKVENSER
KRIS
DATA
UTVECKLING

ENERGI
FRAMTID
GAS
GENERATIONER
REGERING
MÄNNISKOR
INDUSTRI
LAGSTIFTNING
BEFOLKNINGAR
TEMPERATURER

38 - Ciencia

```
K E X P E R I M E N T R O P F
L F M E U Z N X G O U D R Z O
I P A R T I K L A R T M G O R
M U I R O T A R O B A L A E S
A O D U K E H Y L J T R N V K
T F T T A N D Y B X B E I O A
K A S A V Z U A P X J L S L R
E K Z N O L T M T O A Y M U E
M T S U J M Y E K A T K H T I
I U A A K R E T X Ä V E L I X
S M L L I S S O F O I L S O O
K W L U S S H D C U T O T N B
M E V U Y A B V I D T M G A L
T Y A R F V W Y S U A J G U A
Y Z R E L A R E N I M P C G M
```

ATOM	HYPOTES
FORSKARE	LABORATORIUM
KLIMAT	METOD
DATA	MINERALER
EVOLUTION	MOLEKYLER
EXPERIMENT	NATUR
FYSIK	ORGANISM
FOSSIL	PARTIKLAR
ALLVAR	VÄXTER
FAKTUM	KEMISK

39 - Restaurante #2

```
T  R  E  K  C  Ä  L  J  C  D  O  N  O  J  G
F  Ö  F  A  D  P  Y  S  Z  O  D  U  M  I  A
N  T  L  A  S  L  I  O  Y  G  S  V  I  F  F
M  I  D  D  A  G  S  P  N  U  D  L  A  R  F
G  V  C  D  M  M  R  P  E  S  U  R  Y  P  E
R  R  K  C  P  I  N  A  T  Y  K  U  A  W  L
Ö  E  Z  R  W  P  L  H  T  E  K  E  L  L  F
N  S  B  R  Y  Ä  G  G  A  X  U  W  D  U  S
S  C  D  I  R  D  K  P  V  B  T  D  G  N  K
A  R  R  K  M  R  D  V  K  S  I  F  J  C  H
K  U  Y  A  X  G  F  O  E  A  U  W  O  H  M
E  E  C  K  F  U  T  A  R  L  O  T  S  K  H
R  M  K  A  J  Y  E  G  J  L  B  C  X  G  Y
F  A  Z  F  H  Y  V  F  W  A  N  P  N  G  V
B  O  T  T  C  R  G  A  Z  D  F  R  U  K  T
```

VATTEN	FRUKT
LUNCH	IS
DRYCK	ÄGG
SERVITÖR	KAKA
MIDDAG	FISK
SKED	SALT
LÄCKER	STOL
SALLAD	SOPPA
KRYDDOR	GAFFEL
NUDLAR	GRÖNSAKER

40 - Profesiones #1

```
B V E T E R I N Ä R E J W A R
M R Ö T K A D E R W R W A D I
V E A K A R T O G R A F A V B
F K M N R M J B H K Z J O A
N I W U D S C J T R Ä I B K N
E S K J M M J G P F L U N A K
A U Y Y E R A K O M R Ö R T I
U M T S T S I N A I P R X K R
S J S F L I D R O T T A R E U
J U V E L E R A R E J V Y R K
G E O L O G O L O K Y S P A E
S J U K S K Ö T E R S K A N X
A M B A S S A D Ö R S A R Ä O
J Ä G A R E R A S N A D D R D
W B Y N K A S T R O N O M T B
```

ADVOKAT	AMBASSADÖR
ASTRONOM	SJUKSKÖTERSKA
IDROTTARE	TRÄNARE
DANSARE	RÖRMOKARE
BANKIR	GEOLOG
BRANDMAN	JUVELERARE
KARTOGRAF	MUSIKER
JÄGARE	PIANIST
LÄKARE	PSYKOLOG
REDAKTÖR	VETERINÄR

41 - Vehículos

```
A F N S C S B E Y D A V X B Y
N M L E K Y C I K X O Y C R I
A E B O P E W J L I B T S A L
B R E U T E K A R I D Å S U E
L O F C L T O T J X I B U B T
E T U T M A E S N R E B B Å T
N K O M A J N G A V S U H T Y
N A C D I R S S L V D U D J K
U R F C I Ä S D P N K P Z O S
T T G J W F K Y G A L S B W Y
H A D Y Z R L A Y W R J Z S A
E X X B D O E G L M O T O R X
O I A Y M M H E F S H Z T Å G
I D X I D Ä C K J E F K B K N
R A H E L I K O P T E R R I Z
```

AMBULANS	FÄRJA
BUSS	HELIKOPTER
FLYGPLAN	SKYTTEL
FLOTTE	TUNNELBANA
BÅT	MOTOR
CYKEL	DÄCK
LASTBIL	UBÅT
HUSVAGN	TAXI
BIL	TRAKTOR
RAKET	TÅG

42 - Geometría

```
R O C A U S A D R H M W K T C
D U A P Y I Y J I H N E U D T
P C A T J F F Ö R A Z P R X H
J W L P B F T H O U M C V W T
K S L U A R R T E F C E A G Y
C N E U L A K I T R E V T W Z
L O T Z T R I A N G E L O E U
V I N K E L L E L L A R A P R
Z T O I J E S E G M E N T Y M
P A S G L D C J A O X L F O E
K V I O E N O I S N E M I D D
N K R L T A R H S D C Y D W I
I E O P D G S B A J K L T O A
P A H P C S Y M M E T R I A N
E B Z D B E R Ä K N I N G C L
```

HÖJD
VINKEL
BERÄKNING
KURVA
DIAMETER
DIMENSION
EKVATION
HORISONTELL
LOGIK
MASSA

MEDIAN
SIFFRA
PARALLELL
ANDEL
SEGMENT
SYMMETRI
YTA
TEORI
TRIANGEL
VERTIKAL

43 - Vacaciones #2

```
G E Y J E G O S I F K Z K A D
I X C W M H Z T V Z O S W X S
P D G J G N A R U A T S E R E
W O O B M I I E C T Y C K R M
R E G E D N D N A R T S D Ö E
F R I T I D N O T O F V E K S
R H B R F T J I O G U G S A T
O E S B L L E T O H O N T R E
T F S V Y K E A J R S I I T R
T X A A G A N V A H K N N A U
T R P M P N T R O P S N A R T
T Å G D L L U E V C T Ä T C M
T Ä L T A M U S I V A L I P L
Z H B M T R N E T V X T O G C
N A L J S W C R M R I U N M G
```

FLYGPLATS
TÄLT
DESTINATION
UTLÄNNING
FOTON
HOTELL
KARTA
HAV
FRITID
PASS

STRAND
RESERVATIONER
RESTAURANG
TAXI
TRANSPORT
TÅG
SEMESTER
RESA
VISUM

44 - Baile

```
P  M  V  I  L  P  K  S  A  R  K  E  J  C  P
A  U  I  V  X  W  T  T  M  P  P  O  R  K  U
R  S  S  X  S  B  Z  R  J  A  A  G  N  T  P
T  I  U  Y  I  M  P  W  C  F  P  L  G  S  T
N  K  E  D  R  O  R  D  G  L  A  D  Å  N  T
E  R  L  W  Z  L  U  T  E  S  L  E  R  Ö  R
R  G  L  Y  T  K  E  K  S  I  S  S  A  L  K
E  F  K  S  F  N  X  G  N  I  N  L  L  Å  H
R  E  P  E  T  I  T  I  O  N  Ä  X  T  A  K
M  K  U  L  T  U  R  U  Y  J  K  H  H  K  O
U  T  T  R  Y  C  K  S  F  U  L  L  O  A  F
G  O  Y  K  C  I  W  V  S  A  R  G  P  D  H
L  L  E  R  U  T  L  U  K  U  J  N  P  E  C
K  O  R  E  O  G  R  A  F  I  Z  A  A  M  G
T  R  A  D  I  T  I  O  N  E  L  L  J  I  F
```

AKADEMI
GLAD
KONST
KLASSISK
KOREOGRAFI
KROPP
KULTUR
KULTURELL
KÄNSLA
REPETITION

UTTRYCKSFULL
NÅD
RÖRELSE
MUSIK
HÅLLNING
RYTM
HOPPA
PARTNER
TRADITIONELL
VISUELL

45 - Matemáticas

```
R L O X W Y H L Y I Z B S K I
A E G Z L T Z B S D P G F S G
R G K E G A N R Y E I M Ä L R
I N V T O L L L E L L A R A P
T A I Ä A M T D U T S K T N R
M I E R S N E B P Y E O F T A
E R X L O M G T W U Y M R N D
T T P E W O R E R B M P A O I
I P O K V R O S L I W C K I E
S H N N I R T E M M Y S T T D
K F E I N O G Y L O P R I A H
H Z N V K A G X N M Y L O V F
H I T J L A M I C E D B N K E
D F M I A Z V R O R G G U E V
H I H T R O M K R E T S I T T
```

ARITMETISK
VINKLAR
OMKRETS
TORG
DECIMAL
DIAMETER
EKVATION
SFÄR
EXPONENT
FRAKTION

GEOMETRI
TAL
PARALLELL
VINKELRÄT
POLYGON
RADIE
REKTANGEL
SYMMETRI
TRIANGEL
VOLYM

46 - Profesiones #2

```
K G M O S N V R F I G T U V I
J I B S P I D A I N O A P B L
O E R I B M W T L G C N P B L
U B P U B K U U O E B D F O U
R J I G R L E A S N A L I N S
N R O O N G I N O J C Ä N D T
A H T L L Z H O F Ö E K N E R
L B H O T O D R T R R A A R A
I U F O S E G T O E A R R A T
S A X Z I R O S L R K E E K Ö
T R H A V A Y A I A S A L Ä R
F O T O G R A F P L R L R L Z
S J A W N Ä K C W Å O Y L I Z
G W N V I L K L R M F K C W E
B I R P L D E T E K T I V E R
```

BONDE	INGENJÖR
ASTRONAUT	UPPFINNARE
BIBLIOTEKARIE	FORSKARE
BIOLOG	LINGVIST
KIRURG	LÄKARE
TANDLÄKARE	JOURNALIST
DETEKTIV	PILOT
FILOSOF	MÅLARE
FOTOGRAF	LÄRARE
ILLUSTRATÖR	ZOOLOG

47 - Senderismo

```
X  W  L  E  V  F  O  X  K  U  N  Z  G  O  S
I  F  O  A  W  Ö  R  R  A  L  V  Ö  T  S  O
S  Z  R  R  D  R  D  A  G  N  I  P  M  A  C
T  J  I  B  J  B  K  A  R  T  A  P  A  E  B
E  W  E  B  E  E  O  S  U  T  X  C  P  G  N
N  T  N  O  D  R  Y  X  J  Ö  H  F  O  A  A
A  J  T  V  E  E  E  D  D  R  T  X  M  V  T
R  H  E  A  M  D  G  F  H  T  T  U  N  G  U
H  K  R  T  X  E  T  Ö  M  P  P  O  T  R  R
F  L  I  T  Z  L  O  S  B  S  A  O  D  E  J
G  J  N  E  S  S  P  A  G  D  B  R  K  B  G
W  U  G  N  Z  E  D  V  U  B  S  T  K  G  A
M  C  I  R  F  Y  F  I  B  B  M  V  D  E  Z
E  W  L  D  R  O  D  L  K  L  I  M  A  T  R
D  M  O  Z  E  S  P  D  M  Y  G  G  E  D  D
```

KLIPPA	BERG
VATTEN	MYGG
DJUR	NATUR
STÖVLAR	ORIENTERING
CAMPING	PARKER
TRÖTT	TUNG
KLIMAT	STENAR
TOPPMöte	FÖRBEREDELSE
GUIDE	VILD
KARTA	SOL

48 - Naturaleza

```
A  E  D  N  A  R  Ö  G  V  A  S  I  Z  C  B
A  D  D  F  K  M  K  H  H  F  K  Z  U  R  W
A  Y  I  W  W  G  E  O  T  Z  Y  Y  K  H  K
F  D  V  V  Z  L  N  L  H  G  D  O  L  F  O
C  U  M  S  K  U  S  R  D  F  D  H  U  S  G
A  D  Y  N  A  M  I  S  K  V  H  R  F  K  F
V  I  L  D  R  T  A  S  F  R  E  D  L  I  G
L  W  N  G  U  L  M  R  K  A  V  O  H  F  L
T  X  V  O  L  U  B  C  P  Ö  R  D  X  D  Ö
G  L  A  C  I  Ä  R  U  J  D  N  I  B  O  V
Z  O  I  J  K  S  I  P  O  R  T  H  V  E  V
M  O  L  N  Y  P  O  V  O  B  M  Y  E  T  E
A  R  K  T  I  S  K  R  D  I  M  M  A  T  R
H  I  R  P  S  K  O  G  E  U  W  E  H  D  K
F  R  I  S  T  A  D  X  D  L  J  P  J  I  Z
```

BIN	DIMMA
DJUR	MOLN
ARKTISK	FREDLIG
SKÖNHET	SKYDD
SKOG	FLOD
ÖKEN	VILD
DYNAMISK	FRISTAD
EROSION	LUGN
LÖVVERK	TROPISK
GLACIÄR	AVGÖRANDE

49 - Conduciendo

```
H  I  P  J  J  L  I  B  T  Y  H  U  D  C  F
N  T  S  O  F  I  G  R  E  R  C  I  H  S  O
P  O  L  I  S  C  S  Ä  H  A  A  T  A  G  T
B  U  R  H  P  E  J  N  R  S  K  F  Y  L  G
M  U  A  A  X  N  L  S  E  M  C  O  I  E  Ä
M  R  E  F  G  S  H  L  K  O  Y  X  Y  K  N
A  B  E  B  L  V  I  E  Ä  R  L  O  M  Y  G
M  O  T  O  R  E  N  W  S  B  O  Y  G  C  A
L  G  O  T  R  A  N  S  P  O  R  T  A  R  R
A  M  X  C  G  T  V  N  S  D  B  C  R  O  E
S  P  C  Y  W  R  M  Z  U  G  K  D  A  T  K
T  T  B  U  U  A  O  M  F  T  A  D  G  O  J
B  H  D  F  K  K  Z  C  A  W  F  S  E  M  W
I  V  E  Y  P  V  H  A  S  T  I  G  H  E  T
L  F  A  R  A  O  P  W  U  E  X  X  C  X  Z
```

OLYCKA	MOTORCYKEL
GATA	MOTOR
LASTBIL	FOTGÄNGARE
BIL	FARA
BRÄNSLE	POLIS
BROMSAR	SÄKERHET
GARAGE	TRANSPORT
GAS	TRAFIK
LICENS	TUNNEL
KARTA	HASTIGHET

50 - Ballet

```
S Y C L P O T F L E E H R R K
L T U T U W H Ä S R V G Y E O
E K I A B J N R G E S T T P M
K O C L L A O D M D S V M E P
T K R F I P F I U Å I J Z T O
I I O K K Y U G S L V V O I S
O S O N E E A H K P G J P T I
N U O M S S J E L P T I Z I T
E M T R L T T T E A B H Z O Ö
R M Y R K S N E R V R P S N R
T E K N I K K Ä R Ö O X E V M
G G L U W P F E R A S N A D Y
C H U T A N I R E L L A B H N
I N T E N S I T E T I H B K E
K O R E O G R A F I N G Y Y C
```

APPLÅDER
KONSTNÄRLIG
PUBLIK
BALLERINA
DANSARE
KOMPOSITÖR
KOREOGRAFI
REPETITION
STIL
GEST

FÄRDIGHET
INTENSITET
LEKTIONER
MUSKLER
MUSIK
ORKESTER
ÖVA
RYTM
TEKNIK

51 - Fuerza y Gravedad

```
H  L  X  H  V  U  O  D  C  E  N  T  R  U  M
G  M  T  D  I  I  G  L  Y  B  H  B  G  D  O
M  S  E  Y  K  I  S  Y  F  N  R  A  T  X  S
U  I  E  K  T  V  N  U  P  A  A  U  N  I  Z
N  T  G  C  A  D  Z  X  B  G  A  M  O  V  D
I  E  E  Y  N  N  E  F  F  E  K  T  I  M  N
V  N  N  R  A  Å  I  C  F  E  E  F  T  S  V
E  G  S  T  B  T  R  K  Y  L  V  F  K  S  K
R  A  K  K  S  S  E  X  P  A  N  S  I  O  N
S  M  A  C  P  V  T  U  E  Y  J  R  R  R  O
E  M  P  Ä  P  A  E  P  G  Z  K  T  F  B  V
L  R  E  T  O  U  N  W  T  A  B  E  C  N  K
L  C  R  P  L  C  A  U  E  X  G  C  J  L  J
G  A  B  P  M  A  L  I  E  E  Z  E  Y  W  Z
M  S  I  U  O  H  P  G  B  L  T  L  K  Z  N
```

CENTRUM	MAGNETISM
UPPTÄCKT	MEKANIK
DYNAMISK	OMLOPPSBANA
AVSTÅND	VIKT
AXEL	PLANETER
EXPANSION	TRYCK
FYSIK	EGENSKAPER
FRIKTION	TID
EFFEKT	UNIVERSELL

52 - Aventura

```
A F F G I R K G I L N A V O R
K Ö V F E L T L F P Y G X O E
T R Ö V E R R A S K A N D E S
I B C N Y W S Z M U X I T J O
V E T V C M L E N O X R N I R
I R E H G N X C A F D E H F U
T E H T K Y L F T U S G M A R
E D G E S R Y H U L I I W R R
T E I I N Ä E E R Z U V D L E
G L R K A J K X Y M D A G I S
L S Å C H M R E X R N N N G V
Ä E V T C M R O R E N N Ä V Ä
D P S K Ö N H E T H D N X M G
J E N T U S I A S M E M O F D
E C B I N O I T A N I T S E D
```

AKTIVITET	NATUR
GLÄDJE	NAVIGERING
VÄNNER	NY
SKÖNHET	CHANS
DESTINATION	FARLIG
SVÅRIGHET	FÖRBEREDELSE
ENTUSIASM	SÄKERHET
UTFLYKT	ÖVERRASKANDE
OVANLIG	MOD
RESVÄG	RESOR

53 - Pájaros

```
F  I  L  D  S  I  L  L  H  P  S  Y  S  A  H
L  Z  H  E  W  M  K  J  C  I  J  I  Y  M  Ä
A  J  O  G  E  P  A  P  T  N  L  J  C  U  G
M  S  T  R  U  T  S  G  T  G  K  P  C  X  E
I  P  A  M  J  I  U  N  L  V  R  A  P  S  R
N  P  E  G  B  S  O  A  I  I  O  C  E  D  D
G  W  S  L  Å  W  J  E  H  N  S  T  O  R  K
O  R  Z  N  I  S  B  I  A  U  H  D  B  L  L
E  L  S  Y  Y  K  X  K  N  A  C  U  O  T  U
E  N  A  V  S  J  A  M  K  L  S  V  M  Å  S
K  R  Å  K  A  H  D  N  A  V  D  A  H  N  B
X  Ö  C  Ä  T  C  L  Y  W  Z  V  X  K  T  P
R  S  G  G  N  I  L  K  C  Y  K  S  L  F  L
T  H  V  G  D  H  V  U  P  Y  V  Z  C  A  M
W  U  H  Ö  K  Z  S  M  C  W  X  I  F  P  L
```

STRUTS	SPARV
ÖRN	HÖK
STORK	ÄGG
SVAN	PAPEGOJA
GÖK	DUVA
KRÅKA	ANKA
FLAMINGO	PELIKAN
GÅS	PINGVIN
HÄGER	KYCKLING
MÅS	TOUCAN

54 - Geografía

```
H W H D F J M R S K L C N B K
C A V N L G S F T T O W P R O
J B L A O V X B A L E C T E N
R E P V D U P U D O D S L D T
C R O A K G L W B N C E O D I
M R N H U L N A A G M R P G N
V X S E O D O U A I I Y P R E
A Ä S K A G D T D T S M A A N
H K R R S R R W F U R K N D T
Ö W U L P D K C U D N A L L E
J W X X D A T L A S U O K Z V
D V E R N A I D I R E M W M U
R B C G O V Ä S T Y M T O U Z
J O Z G R E B O M R Å D E D B
K W O F R E D Ö S X P S R V E
```

HÖJD	MERIDIAN
ATLAS	BERG
STAD	VÄRLD
KONTINENT	NORR
HALVKLOT	VÄST
BREDDGRAD	LAND
LONGITUD	OMRÅDE
KARTA	FLOD
HAV	SÖDER

55 - Música

```
K  S  Å  N  G  A  R  E  I  N  O  M  R  A  H
Ö  P  R  Z  D  T  N  E  M  U  R  T  S  N  I
R  C  G  N  I  N  L  E  P  S  N  I  K  O  D
H  D  Z  B  N  O  F  O  R  K  I  M  R  W  O
W  A  V  X  T  Y  V  J  O  P  M  E  T  V  L
K  L  R  E  X  L  H  N  V  A  Z  U  Y  D  E
S  L  R  M  D  O  L  E  I  T  C  N  B  L  M
Å  A  B  Y  O  J  W  U  S  B  W  U  P  L  I
N  B  S  F  T  N  I  T  E  S  J  U  N  G  A
G  G  Y  X  P  M  I  A  R  H  O  G  I  C  R
I  Y  G  I  B  M  J  S  A  T  F  B  C  R  E
K  L  A  S  S  I  S  K  K  S  I  T  E  O  P
A  E  E  H  M  U  S  I  K  A  L  I  S  K  O
Y  X  I  E  G  M  O  G  I  X  O  X  K  J  S
E  S  R  M  U  S  I  K  E  R  U  Z  C  U  T
```

HARMONI	INSTRUMENT
HARMONISK	MELODI
ALBUM	MIKROFON
BALLAD	MUSIKALISK
SÅNGARE	MUSIKER
SJUNGA	OPERA
KLASSISK	POETISK
KÖR	RYTM
INSPELNING	TEMPO
IMPROVISERA	SÅNG

56 - Enfermedad

```
G  I  N  H  A  S  M  D  Y  G  C  N  N  J  K
E  O  Z  R  J  K  R  O  P  P  U  P  E  K  R
N  F  V  J  G  Ä  Y  E  N  J  C  K  U  B  O
E  N  E  G  G  Y  R  D  N  Ä  L  A  R  I  N
T  U  T  I  A  G  A  T  P  S  W  L  O  M  I
I  P  H  L  V  T  Y  P  A  Y  M  L  P  M  S
S  K  J  T  S  V  E  Z  R  N  J  E  A  U  K
K  J  D  F  W  S  N  R  I  P  O  R  T  N  Y
O  M  O  R  D  N  Y  S  A  Y  W  G  I  I  M
M  R  G  Ä  H  N  Z  I  O  P  S  I  W  T  Y
P  U  L  M  O  N  E  L  L  A  I  E  I  E  P
S  M  I  T  T  S  A  M  T  W  C  R  Z  T  O
H  Ä  L  S  A  A  A  H  A  K  U  T  M  T  U
L  E  R  E  S  P  I  R  A  T  O  R  I  S  K
I  N  F  L  A  M  M  A  T  I  O  N  E  V  G
```

BUK	BEN
AKUT	INFLAMMATION
ALLERGIER	IMMUNITET
SMITTSAM	LÄNDRYGGEN
HJÄRTA	NEUROPATI
KRONISK	PULMONELL
KROPP	RESPIRATORISK
SVAG	HÄLSA
GENETISK	SYNDROM
ÄRFTLIG	TERAPI

57 - Actividades

```
C  B  O  D  K  F  Ä  R  D  I  G  H  E  T  A
J  F  K  Z  E  E  V  U  W  F  V  M  I  E  V
Y  R  Y  L  V  K  R  E  V  T  N  A  H  T  K
D  A  N  M  Ö  S  W  A  K  S  P  E  L  I  O
V  N  P  M  V  I  N  B  M  C  O  K  E  V  P
I  E  R  N  R  F  F  B  B  I  V  K  S  I  P
Z  S  G  Ö  S  A  O  N  G  I  K  K  S  T  L
L  S  K  J  S  M  T  K  A  J  I  E  U  K  I
F  E  M  E  C  A  O  M  L  S  V  R  P  A  N
G  R  B  A  C  Z  G  K  O  N  S  T  G  O  G
X  T  I  V  G  B  R  L  Ä  S  N  I  N  G  S
R  N  J  T  G  I  A  V  A  N  D  R  I  N  G
Z  I  E  F  I  Z  F  M  Å  L  N  I  N  G  L
J  V  E  D  M  D  I  T  W  L  X  X  G  V  A
T  S  T  I  C  K  N  I  N  G  W  S  H  J  M
```

AKTIVITET	LÄSNING
KONST	MAGI
HANTVERK	FRITID
JAKT	FISKE
KERAMIK	MÅLNING
SÖMNAD	NÖJE
FOTOGRAFI	AVKOPPLING
FÄRDIGHET	PUSSEL
INTRESSEN	VANDRING
SPEL	STICKNING

58 - Verduras

```
K R O N Ä R T S K O C K A L T
B P E R S I L J A Y G I T Ö L
P R S P E N A T D B I A O K S
M O O B O C L A R O V A M Ö V
O W T C P U M P A O T X A L A
R U Z A C G X H R P E G T T M
O Ä E N T O H E Ä C Y U Z I P
T Ä G V I I L N F Y T R W V G
S R K G D B S I E P M K X O A
D T P A P Y G A G B C A N K Y
R A I V Y L J O N R Ä D I S A
S A L L A D A U I O L I V T H
F K L I G E X N S E L L E R I
X V I K N G N W T X C A D V R
I D K K Z R Y F Z A S R O C N
```

VITLÖK	INGEFÄRA
KRONÄRTSKOCKA	ROVA
SELLERI	OLIV
ÄGGPLANTA	POTATIS
BROCCOLI	GURKA
PUMPA	PERSILJA
LÖK	RÄDISA
SALLAD	SVAMP
SPENAT	TOMAT
ÄRTA	MOROT

59 - Instrumentos Musicales

```
T  T  O  G  A  F  K  H  M  S  F  H  O  M  O
T  R  R  A  T  I  G  L  E  R  K  A  E  U  C
J  A  O  J  N  A  B  W  A  V  W  R  I  N  X
Ö  X  M  M  V  X  W  V  B  R  V  P  C  S  Z
L  N  A  B  B  K  X  X  M  Y  I  A  M  P  E
F  L  W  B  U  O  N  A  I  P  H  N  R  E  A
F  R  D  J  P  R  N  R  R  A  Y  J  E  L  V
I  L  B  C  Y  K  I  B  A  M  M  U  R  T  K
O  L  L  E  C  J  M  N  M  A  F  E  J  E  T
L  B  P  F  I  Y  K  M  V  M  L  N  X  P  J
S  L  A  G  V  E  R  K  M  E  U  J  C  M  K
L  X  N  N  V  N  I  L  O  D  N  A  M  U  S
W  C  H  O  S  C  N  H  B  U  O  B  X  R  G
J  M  T  G  X  G  A  N  O  K  X  K  M  T  G
S  A  X  O  F  O  N  X  E  Y  S  O  S  S  Y
```

MUNSPEL	OBOE
HARPA	TAMBURIN
BANJO	SLAGVERK
KLARINETT	PIANO
FAGOTT	SAXOFON
FLÖJT	TRUMMA
GONG	TROMBON
GITARR	TRUMPET
MANDOLIN	FIOL
MARIMBA	CELLO

60 - Formas

```
C  I  R  K  E  L  A  V  O  A  V  L  U  R  P
X  X  V  E  P  W  E  H  K  O  N  I  E  E  Y
G  P  D  C  U  V  J  B  A  Z  R  N  U  K  R
A  A  O  R  A  M  S  I  R  P  Ö  J  Y  T  A
Y  I  G  T  V  L  P  C  Y  E  H  E  X  A  M
K  O  M  W  R  Y  I  S  Y  W  P  T  X  N  I
W  A  W  O  U  G  L  D  A  L  V  Y  P  G  D
I  N  Y  S  K  A  L  V  K  N  I  W  H  E  C
A  B  T  Z  Y  X  E  M  D  M  O  N  W  L  U
D  M  Å  I  K  U  Z  K  A  U  B  R  D  N  T
I  E  O  G  H  D  W  R  J  I  Y  H  F  E  B
S  W  G  Z  E  K  I  L  E  I  O  A  P  A  R
F  W  R  P  K  L  T  R  I  A  N  G  E  L  W
Ä  P  O  L  Y  G  O  N  I  C  B  H  Y  W  B
R  E  T  N  A  K  K  U  B  I  P  O  S  U  A
```

BÅGE	HÖRN
KANTER	HYPERBEL
CYLINDER	SIDA
CIRKEL	LINJE
KON	OVAL
TORG	PYRAMID
KUB	POLYGON
KURVA	PRISMA
ELLIPS	REKTANGEL
SFÄR	TRIANGEL

61 - Flores

```
K  N  J  X  D  B  Z  G  A  K  P  I  N  N  M
L  I  L  J  A  U  R  A  R  S  A  L  U  S  U
E  V  D  F  M  K  K  R  V  B  S  K  M  U  P
D  H  A  E  M  E  J  D  Z  U  S  O  D  S  S
N  I  I  L  O  T  S  E  É  D  I  K  R  O  O
E  B  L  P  L  T  L  N  V  O  O  H  E  R  L
V  I  O  Å  B  M  B  I  H  P  N  P  V  K  R
A  S  N  S  G  X  O  A  N  F  F  I  Ö  S  O
L  K  G  K  N  J  L  I  L  A  L  O  L  A  S
P  U  A  L  I  G  A  A  O  H  O  N  K  M  W
K  S  M  I  R  K  L  S  U  W  W  A  V  A  O
C  I  B  L  U  G  R  S  M  H  E  P  Z  X  Z
R  A  T  J  T  K  M  E  U  I  R  L  T  J  X
O  S  D  A  L  B  N  O  R  K  N  U  J  J  X
T  U  S  E  N  S  K  Ö  N  A  J  T  I  J  S
```

VALLMO	MAGNOLIA
RINGBLOMMA	TUSENSKÖNA
MASKROS	PÅSKLILJA
GARDENIA	ORKIDÉ
SOLROS	PASSIONFLOWER
HIBISKUS	PION
JASMIN	KRONBLAD
LAVENDEL	BUKETT
LILA	KLÖVER
LILJA	TULPAN

62 - Astronomía

```
A H P H J J S M Y H E O U I A
S I V C S A O A Å A D I E X H
T M P M L N M R L N E S A V I
R M K U C O S X D T E K A R P
O E X I U I O X H U A T V D L
N L P R X T K A O A S E O A A
O D R O S A U U U N T L N G N
M S A T E L L I T O E E R J E
G I J A K L G A N R R S E Ä T
Z M I V K E W U G T O K P M T
B Z V R S T L K O S I O U N P
N J V E H S B H P A D P S I L
G Z D S U N M E T E O R X N U
R M I B J O L M D J O Y L G E
P X N O X K S T R Å L N I N G
```

ASTEROID
ASTRONAUT
ASTRONOM
HIMMEL
RAKET
KONSTELLATION
KOSMOS
DAGJÄMNING
GALAX

MÅNE
METEOR
OBSERVATORIUM
PLANET
STRÅLNING
SATELLIT
SUPERNOVA
TELESKOP
JORD

63 - Tiempo

```
N  Z  H  F  C  V  D  E  A  Y  C  K  W  G  D
K  K  V  D  R  K  K  H  X  Y  G  A  D  I  G
C  B  R  A  M  A  K  C  O  L  K  L  M  L  X
I  C  Z  O  I  M  M  N  U  M  A  E  E  R  R
L  O  I  G  N  T  O  T  P  C  Y  N  R  Å  X
B  U  T  L  U  Å  P  R  I  P  K  D  Å  Ö  K
N  A  T  T  T  R  M  F  G  D  P  E  R  G  F
O  M  F  T  I  M  M  E  A  O  G  R  T  L  H
G  M  Å  N  A  D  H  W  D  M  N  M  I  M  C
Ö  V  E  C  K  A  S  E  J  K  M  K  O  I  W
J  E  Å  R  H  U  N  D  R  A  D  E  N  Z  A
F  F  O  L  Z  U  E  L  I  G  A  D  D  I  M
W  F  Y  U  N  R  Y  F  P  W  S  S  E  S  H
G  F  M  O  A  I  G  Å  R  I  L  S  V  P  F
U  K  B  U  K  H  T  L  I  F  S  U  E  Y  S
```

NU	IDAG
FÖRE	MORGON
ÅRLIG	MIDDAG
ÅR	MÅNAD
IGÅR	MINUT
KALENDER	ÖGONBLICK
ÅRTIONDE	NATT
DAG	KLOCKA
FRAMTID	VECKA
TIMME	ÅRHUNDRADE

64 - Paisajes

```
S B H P E X R T L L P J F E C
F X W U A E M C R Z R P L S R
R V Z G P U U G I Ä E P O T N
R V V U D R F K L L S U D F U
U Ö W H V U L K A N J K M E W
N J L P A T T O R G E Z Y X J
L S H E D L M H Z U G I N M J
S P X K N R V A H B H J N H O
U N P O A S F Ö D U F R I J B
D A L O R R Ä I C A L G N G F
G H P P T I D O L F T T G X D
D X E H S I V N U G A L R H B
I S B E R G V F U R T N E K Ö
Z C I F O B P P N T S W B V J
G D I N P V A T T E N F A L L
```

VATTENFALL	BERG
GROTTA	OAS
ÖKEN	TRÄSK
FLODMYNNING	HALVÖ
GEJSER	STRAND
GLACIÄR	FLOD
ISBERG	TUNDRA
SJÖ	DAL
LAGUN	VULKAN
HAV	

65 - Días y Meses

```
N O V E M B E R N J R T X A F
S E P T E M B E R A K C E V R
V S O W R F L Z E N O X F C E
Z Ö S W X B J Z B U X S F I D
X N V O L Z X A O A A P W J A
C D A N Å M U B T R F V B D G
G A D S I T P B K I L U J I C
A G J U N I Å R O M B H H K Y
D U I R A U R B E F Å K F H C
S M G A D S R O T D N N K Z U
N L A U Z B T J X C N C D E M
O I D I S T D C M E Z E A A S
H C R V Y T Z W N U J G L Y G
O O Ö U D J I U C Z M W G A M
V Y L A P R I L O Z T C Z K K
```

APRIL
AUGUSTI
ÅR
KALENDER
SÖNDAG
JANUARI
FEBRUARI
TORSDAG
JULI
JUNI

MÅNDAG
TISDAG
MÅNAD
ONSDAG
NOVEMBER
OKTOBER
LÖRDAG
VECKA
SEPTEMBER
FREDAG

66 - Biología

```
F O T O S Y N T E S E D X K R
U V F U V K U O A M B G R R E
D H U D A V V X D N O G L O P
K O U X X M L N L I U Z W M T
S O M S O N B N J E R H E O I
P D L L W N A N A T O M I S L
A G I L R U T A N O T D J O L
N O I T A T U M V R E N L M E
Y R U J D G G Ä D P C E L L C
S C A N W M E I R E T K A B V
N E V G C E Z N O M R O H Z R
J L P O F N E M B R Y O S H E
R X L R B Z E V O L U T I O N
P P C O L Y G B P T F N P M U
L S O I B M Y S S V D Z R H S
```

ANATOMI	DÄGGDJUR
BAKTERIE	MUTATION
CELL	NATURLIG
KOLLAGEN	NERV
KROMOSOM	NERVCELL
EMBRYO	OSMOS
ENZYM	PROTEIN
EVOLUTION	REPTIL
FOTOSYNTES	SYMBIOS
HORMON	SYNAPS

67 - Barbacoas

```
S  K  C  E  V  V  H  C  N  U  L  K  S  D  V
C  O  A  A  X  S  U  I  X  V  M  N  Z  O  R
A  L  M  A  J  L  N  K  Y  E  W  I  V  V  E
D  Y  R  M  X  H  G  H  Y  C  E  V  R  K  K
P  G  A  C  A  T  E  Z  C  C  V  A  A  H  A
W  T  V  S  T  R  R  U  G  N  K  R  G  K  S
M  I  D  D  A  G  H  S  M  Z  S  L  N  A  N
L  Ö  K  I  S  U  M  B  T  I  P  K  I  X  Ö
B  L  J  C  S  N  J  D  K  H  H  Y  B  N  R
A  G  S  A  L  L  A  D  E  R  A  T  S  R  G
R  T  R  E  T  A  M  O  T  R  I  T  E  B  Y
N  O  N  I  U  Y  T  E  L  E  P  S  Å  S  I
A  L  G  I  L  P  E  P  P  A  R  G  U  U  E
F  R  U  K  T  L  A  S  F  A  M  I  L  J  K
F  X  W  A  K  N  E  S  C  G  C  A  B  E  W
```

LUNCH	MUSIK
VARM	BARN
LÖK	GRILL
MIDDAG	PEPPAR
KNIVAR	KYCKLING
SALLADER	SALT
FAMILJ	SÅS
FRUKT	TOMATER
HUNGER	SOMMAR
SPEL	GRÖNSAKER

68 - Ropa

```
F  A  T  R  O  J  K  S  S  T  M  X  B  G  K
Ö  K  T  R  D  G  C  P  A  D  B  B  Y  P  Z
R  C  A  B  Ö  V  F  Ä  T  N  E  X  X  K  Y
K  A  H  Ä  E  J  B  L  H  A  D  Y  O  K  S
L  J  Z  L  H  L  A  S  X  B  W  A  R  J  I
Ä  S  N  T  K  J  O  L  J  M  O  B  L  K  O
D  W  M  E  C  N  F  M  S  R  H  L  H  E  N
E  A  W  D  K  U  D  S  L  A  H  U  A  F  R
A  V  S  O  L  C  E  E  T  Y  S  S  N  G  Z
Z  S  A  M  A  J  Y  P  N  L  G  H  D  S  I
F  V  T  U  T  Z  S  M  B  M  Y  T  S  A  H
K  L  Ä  N  N  I  N  G  S  Y  D  A  K  U  U
H  A  L  S  B  A  N  D  I  R  N  D  A  L  V
E  S  P  P  W  Z  X  T  Z  C  N  O  R  D  E
K  L  T  H  Y  V  O  S  Y  A  G  P  U  F  N
```

PÄLS
BLUS
HALSDUK
SKJORTA
JACKA
BÄLTE
HALSBAND
FÖRKLÄDE
KJOL
HANDSKAR

SMYCKEN
MODE
BYXOR
PYJAMAS
ARMBAND
SANDALER
HATT
TRÖJA
KLÄNNING
SKO

69 - Meditación

```
H T C Z M D A N T S Y T Z V U
O G A G I L N T E N N I S R P
I X O N Y G Y E H A H A Y Ö P
M D Z D K I J H M C Å A U R M
L U G N K A G G A F L Z O E Ä
M U S I K Ä R I S T L N B L R
F V S R S N N L K Y N A S S K
B R C A I N R N C A I T E E S
B Z E W K T O Ä A G N U R W A
B J I D Y U L V T N G R V C M
N N X D S T S V S A D N A K H
Y P N U P V N S E S G E T H E
H V A L S N Ä K D E M J I W T
P E R S P E K T I V D M O X W
V L U K L A R H E T K T N L H
```

GODKÄNNANDE
UPPMÄRKSAMHET
VÄNLIGHET
LUGN
KLARHET
MEDKÄNSLA
KÄNSLOR
TACKSAMHET
PSYKISK
SINNE

RÖRELSE
MUSIK
NATUR
OBSERVATION
FRED
TANKAR
PERSPEKTIV
HÅLLNING
ANDAS
TYSTNAD

70 - Café

```
X H K T O M S L S M L Z W X K
V F X G R T O D F I L T E R O
L K O J O A C L F U K W U U F
A L F V A B K K O P P R J X F
M O R G O N E S V K L R P P E
G Y J N O S R O T A P I L S I
R S P U B O J M Ä T P P T N
Ä B X R H M U I O W V T V S S
D R R P X J W D R Y C K E P M
D O B S M F S V A R T N M N A
E S N R G J P R I S S U R O K
X T A U R E Ö C R L Z U G B P
N A K A D P L L E N B V P J K
S D M Ä N G D W K B I T T E R
L T N R Z Y P U U K T D L M E
```

VATTEN	MJÖLK
BITTER	VÄTSKA
AROM	MORGON
ROSTAD	SLIPA
SOCKER	SVART
SUR	URSPRUNG
DRYCK	PRIS
KOFFEIN	SMAK
GRÄDDE	KOPP
FILTER	MÄNGD

71 - Libros

```
P  W  Z  T  J  T  J  F  F  Z  V  V  W  R  B
Z  O  F  F  Y  M  H  P  O  C  E  R  S  E  E
X  S  E  B  E  R  Ä  T  T  A  R  E  I  L  R
C  O  M  S  V  I  R  K  S  I  X  R  D  E  Ä
V  K  K  S  I  R  O  T  S  I  H  A  A  V  T
R  O  M  A  N  E  W  O  D  A  R  S  D  A  T
F  Ö  R  F  A  T  T  A  R  E  M  Ä  J  N  E
D  D  Ä  J  E  E  A  R  D  E  O  L  E  T  L
U  I  R  Y  T  N  E  V  Ä  F  A  T  I  E  S
A  K  E  S  A  M  M  A  N  H  A  N  G  N  E
L  T  T  N  E  D  S  Ä  N  K  N  I  N  G  G
I  H  T  H  U  M  O  R  I  S  T  I  S  K  T
T  A  I  Y  E  T  R  A  G  I  S  K  O  H  C
E  V  L  X  Z  P  R  T  W  T  J  Z  X  T  V
T  S  M  T  J  O  L  E  K  N  L  O  E  Z  P
```

FÖRFATTARE
ÄVENTYR
SAMLING
SAMMANHANG
DUALITET
SKRIVS
BERÄTTELSE
HISTORISK
HUMORISTISK
NEDSÄNKNING

LÄSARE
LITTERÄR
BERÄTTARE
ROMAN
SIDA
RELEVANT
DIKT
POESI
RAD
TRAGISK

72 - Los Medios de Comunicación

```
T  I  D  N  I  N  G  A  R  C  I  K  G  A  R
Z  U  O  C  I  N  D  U  S  T  R  I  G  D  A
H  T  E  Z  S  A  E  N  L  A  T  I  G  I  D
P  B  U  Å  A  V  Å  G  T  U  B  R  Y  T  I
A  I  P  S  Z  T  O  N  L  O  K  A  L  S  O
T  L  P  I  L  L  E  I  S  R  E  M  M  O  K
T  D  K  K  S  W  F  R  F  Z  C  U  D  B  T
I  N  O  T  O  F  Y  E  R  E  V  U  S  S  O
T  I  P  C  O  T  W  I  T  I  D  N  I  N  G
Y  N  P  I  K  Y  W  S  U  D  I  G  V  V  C
D  G  L  X  G  Z  I  N  L  R  C  L  B  E  R
E  T  A  J  I  I  X  A  T  K  A  F  Y  P  M
R  L  D  O  F  F  E  N  T  L  I  G  A  R  S
N  Ä  T  V  E  R  K  I  X  D  B  W  G  M  G
C  Z  J  V  N  J  X  F  G  Z  P  W  I  G  J
```

ATTITYDER
KOMMERSIELL
DIGITAL
UTGÅVA
UTBILDNING
UPPKOPPLAD
FINANSIERING
FOTON
FAKTA

INDUSTRI
LOKAL
ÅSIKT
TIDNINGAR
OFFENTLIG
RADIO
NÄTVERK
TIDNING
TV

73 - Nutrición

```
G  R  W  T  B  R  A  E  F  S  H  M  K  P  Y
N  I  X  O  T  J  Y  U  B  T  Z  A  O  V  B
I  M  T  M  D  A  R  N  N  V  R  T  L  I  B
N  Ä  R  I  N  G  S  Ä  M  N  E  S  H  K  A
S  L  M  M  F  I  Å  K  O  H  N  M  Y  T  L
Ä  P  O  S  C  L  S  X  A  F  I  Ä  D  F  A
J  I  A  F  U  T  S  I  V  S  E  L  R  U  N
N  Z  S  N  U  Ä  I  M  V  P  T  T  A  I  S
G  K  L  C  N  T  F  K  A  A  O  N  T  W  E
C  E  Ä  B  U  M  Z  G  O  K  R  I  E  K  R
T  X  H  T  L  L  Å  R  V  S  P  N  R  Z  A
A  P  T  I  T  E  M  L  E  O  T  G  P  M  D
N  R  K  A  L  O  R  I  E  R  E  T  T  I  B
F  R  I  S  K  A  K  V  A  L  I  T  E  T  H
V  I  T  A  M  I  N  Y  G  N  P  D  A  O  G
```

BITTER	JÄSNING
APTIT	NÄRINGSÄMNE
KVALITET	VIKT
KALORIER	PROTEINER
KOLHYDRATER	SMAK
SPANNMÅL	SÅS
ÄTLIG	HÄLSA
KOST	FRISKA
MATSMÄLTNING	TOXIN
BALANSERAD	VITAMIN

74 - Edificios

```
L  L  E  T  O  H  V  T  I  Z  I  N  M  Y  O
A  A  F  F  A  I  L  N  T  E  A  T  E  R  B
L  M  B  V  A  N  D  R  A  R  H  E  M  H  S
Ä  U  B  O  L  P  T  C  D  X  I  X  V  J  E
G  E  W  A  R  Ä  F  F  A  T  A  M  M  W  R
E  S  F  G  S  A  G  S  U  A  H  B  U  Z  V
N  U  I  W  C  S  T  S  J  U  K  H  U  S  A
H  M  K  E  F  Z  A  O  I  O  E  R  S  I  T
E  G  A  R  A  G  O  D  R  Å  G  D  L  P  O
T  F  A  B  R  I  K  X  H  I  K  C  O  Z  R
T  E  T  I  S  R  E  V  I  N  U  V  T  I  I
T  P  C  E  V  G  M  L  X  O  X  M  T  L  U
N  Z  M  B  C  U  Z  C  E  F  E  K  H  A  M
T  O  R  N  I  H  F  X  S  K  O  L  A  D  C
W  H  R  R  X  O  S  T  A  D  I  O  N  A  O
```

VANDRARHEM	GÅRD
LÄGENHET	SJUKHUS
SLOTT	HOTELL
BIO	LABORATORIUM
AMBASSAD	MUSEUM
SKOLA	OBSERVATORIUM
STADION	MATAFFÄR
FABRIK	TEATER
GARAGE	TORN
LADA	UNIVERSITET

75 - Océano

```
Y R O X B W O T B E G U A K W
O J J P W O S Y B X Y K L R A
L M X J G M D G C O D L W A T
W Y U O L L F Y O D Y R X B Y
B W J Z W F P O G N E P B B N
B L L A R O K J G P R L W A O
M O Ä N E T T A V D I T F R Z
U A T C N Å A H L F I S K I N
S A L T K B O D Å G Z C V S N
G M S L P F U Y M T E N A M O
V R B F S I I R Ä K A R L G R
T O N F I S K S W E C G O I T
V T K G K Z Y Y K E P M A V S
P S S K Ö L D P A D D A N E O
L U N G O M X B I V X W F R O
```

ALGER
ÅL
REV
TONFISK
VAL
BÅT
RÄKA
KRABBA
KORALL
DELFIN

SVAMP
TIDVATTEN
MANET
OSTRON
FISK
BLÄCKFISK
SALT
HAJ
STORM
SKÖLDPADDA

76 - Ciudad

```
U R G S C M Z O M T S M M Z P
I N O O Z E F Y A E T P X J X
C K I N I L K X T A A R G A L
X N B V K V L A A T D J Z M A
B A L L E T O H F E I D X U P
F B D Y T R Y K F R O R N S O
Z Z A L O K S X Ä X N B J E T
A S N X I Y C I R E G A B U E
N P K O L U S O T A L S C M K
Z E R D B A K I R E L L A G O
R P A G I C V I H G T Z X W S
I U M F B R E S T A U R A N G
F L Y G P L A T S U I H D P J
B O K H A N D E L K A I Y N Y
I W J P X F Z S E G F K C X N
```

FLYGPLATS
BANK
BIBLIOTEK
BIO
KLINIK
SKOLA
STADION
APOTEK
GALLERI
HOTELL

BOKHANDEL
MARKNAD
MUSEUM
BAGERI
RESTAURANG
MATAFFÄR
TEATER
LAGRA
UNIVERSITET
ZOO

77 - Agronomía

```
L  F  T  T  U  P  F  D  R  L  S  P  C  K  V
E  A  Ö  I  G  O  L  O  K  E  J  R  Y  F  E
S  D  N  R  L  J  H  R  V  A  U  O  E  V  T
D  V  O  T  O  L  O  O  E  B  K  D  N  A  E
Ö  B  I  U  L  R  V  S  O  I  D  U  E  T  N
G  X  S  S  C  I  E  Ä  L  H  O  K  R  T  S
N  M  O  H  Y  O  G  N  X  S  M  T  G  E  K
R  X  R  F  R  Ö  N  B  I  T  A  I  I  N  A
Y  M  E  T  S  Y  S  M  U  N  R  O  R  V  P
V  Ä  X  T  E  R  X  G  H  D  G  N  C  X  D
G  B  N  I  I  H  Å  L  L  B  A  R  D  K  J
P  U  B  O  D  G  R  Ö  N  S  A  K  E  R  E
T  I  R  W  U  D  N  J  O  R  D  B  R  U  K
I  D  E  N  T  I  F  I  E  R  I  N  G  R  J
Z  T  M  K  S  I  N  A  G  R  O  N  X  P  G
```

JORDBRUK	GÖDSEL
VATTEN	IDENTIFIERING
VETENSKAP	ORGANISK
FÖRORENING	VÄXTER
TILLVÄXT	PRODUKTION
EKOLOGI	LANTLIG
ENERGI	FRÖN
SJUKDOMAR	SYSTEM
EROSION	HÅLLBAR
STUDIE	GRÖNSAKER

78 - Ingeniería

```
S  F  G  G  B  J  K  V  V  I  D  T  F  D  V
R  T  R  P  I  U  B  A  Y  K  I  M  D  I  Y
V  G  R  A  K  A  P  S  V  N  S  O  I  E  W
J  E  D  U  M  A  S  K  I  N  T  T  A  S  B
G  N  I  N  K  Ä  R  E  B  G  R  O  G  E  D
A  V  G  L  N  T  R  O  W  U  I  R  R  L  D
X  Y  R  A  K  M  U  K  M  L  B  J  A  F  N
E  L  E  K  N  I  V  R  I  L  U  F  M  R  D
L  G  N  S  S  T  Y  R  K  A  T  R  O  J  J
E  R  E  T  E  M  A  I  D  W  I  I  D  N  U
T  G  W  Ä  S  G  V  L  M  O  O  K  W  B  P
A  J  E  V  P  V  X  G  N  I  N  T  Ä  M  Y
S  T  A  B  I  L  I  T  E  T  P  I  Y  J  C
I  X  G  A  W  T  N  Z  I  R  C  O  F  J  I
Z  R  N  O  I  T  K  U  R  T  S  N  O  K  X
```

VINKEL
BERÄKNING
KONSTRUKTION
DIAGRAM
DIAMETER
DIESEL
DISTRIBUTION
AXEL
ENERGI
STABILITET

STRUKTUR
FRIKTION
STYRKA
VÄTSKA
MASKIN
MÄTNING
MOTOR
SPAKAR
DJUP

79 - Comida #1

```
L W Z T A R K J N K P W J J I
S O P P A O A U I O F Y J O R
M O R O T V N I M R J O E R H
A C N G Y A E C Y N X T G D L
J E C D C S L E N O R Ä P G G
H U R K A R H D T L A S O U H
O I E C T S X L A P W O V B P
M S K Ö L K E K Ö L T I V B Z
W L C T O N F I S K L E H S X
S N O M M Z Z B E A H A H P K
B A S I L I K A Y F J F S E Ö
W U O T Y M L O K C T Z J N T
X T R X D W Ö C I T R O N A T
Y D X O C Y J J F J J L X T G
Z M S Z I X M I F D U M K V A
```

VITLÖK	JORDGUBB
BASILIKA	JUICE
TONFISK	MJÖLK
SOCKER	CITRON
KANEL	MYNTA
KÖTT	ROVA
KORN	PÄRON
LÖK	SALT
SALLAD	SOPPA
SPENAT	MOROT

80 - Antigüedades

```
A H W A V P V D M M I S Å J T
W E C N C S Ä E Y Ö G K R T U
G D F P F F R K N B N U T S V
I A S T I L D O T E I L I M H
L R L D A B E R S L R P O Y Y
N D A L T U B A N U E T N C P
A N M U E I N T O G T U D K B
V U M P T R O I K B S R E E P
O H A R I A I V L T E D N N A
O R G I L E T B L X V O D T G
B Å Y S A V K S I T N E T U A
C B D W V W U M C H I G Y J V
I Z D Y K J A O W E T F N C U
R E S T A U R E R I N G P X I
E L E G A N T C F N L Y Z V A
```

KONST
AUTENTISK
KVALITET
DEKORATIV
ÅRTIONDEN
ELEGANT
SKULPTUR
STIL
GALLERI
OVANLIG

INVESTERING
SMYCKEN
MYNT
MÖBEL
PRIS
RESTAURERING
ÅRHUNDRADE
AUKTION
VÄRDE
GAMMAL

81 - Literatura

```
R U Z C T R A G E D I B H Y B
K Y G W C N K E O F J I T C E
P F T D F R U H N L P G L T R
I Ö W M P O E T I S K O F K Ä
A R F Y T B E Z B T U L I I T
N F T G E I S L U T S A T S T
E A M E T O L Y R I M N K Å A
K T M I L G E T L I G A I V R
D T D O G R R T I A G W D M E
O A T I R A Ö P T I N J P E X
T R S G C F F W S F J A V T T
U E Z F M I M D I A L O G A I
C T G P I G Ä E E I I B Y F E
L U Z F D N J R C H A Z I O A
B E S K R I V N I N G P W R M
```

ANALOGI
ANALYS
ANEKDOT
FÖRFATTARE
BIOGRAFI
JÄMFÖRELSE
SLUTSATS
BESKRIVNING
DIALOG
STIL

METAFOR
BERÄTTARE
ROMAN
ÅSIKT
DIKT
POETISK
RIM
RYTM
TEMA
TRAGEDI

82 - Química

```
V U V M S Y R E H C J U V L W
V J C Y A L K A L I S K I M V
G Ä O Z D Y Y M Z R O L K F Ä
D W T N O I T K A E R L T Z R
S D L E J I V E E L N W O L M
Y H A R O T A S Y L A T A K E
R U S A G R K C O A O O D N Z
A S M B N C I T U T A M E B N
K Ä R N K R A F T E L T L J E
F T A M A N K X X M M J E R W
H F D I K V S K T F X P K Y A
I S W T C U T J J U F L T J C
P S B G N L Ä O V F V H R D M
H A F S O O V T C Y O X O J A
Y J C L W X N U U K O L N H N
```

ALKALISK
SYRA
VÄRME
KOL
KATALYSATOR
KLOR
ELEKTRON
ENZYM
GAS
VÄTE

JON
VÄTSKA
METALLER
MOLEKYL
KÄRNKRAFT
SYRE
VIKT
REAKTION
SALT

83 - Gobierno

```
H  P  A  K  I  T  I  L  O  P  S  M  B  D  D
J  P  U  O  T  E  B  G  Z  K  G  T  Y  K  E
L  L  E  N  O  I  T  A  N  Y  E  E  A  I  M
S  U  P  S  K  K  E  L  L  B  O  D  A  T  O
Y  B  M  T  B  C  H  O  E  A  O  N  I  M  K
M  A  P  I  O  U  K  H  K  D  D  E  X  C  R
B  D  D  T  D  H  I  O  S  V  A  O  W  I  A
O  L  H  U  G  I  L  S  T  T  Ä  R  I  V  T
L  M  Z  T  N  E  M  U  N  O  M  E  E  I  I
T  A  L  I  F  A  Ä  J  B  F  H  B  N  L  W
Z  Y  M  O  M  S  J  K  D  R  M  O  P  C  D
E  T  V  N  O  I  S  S  U  K  S  I  D  E  D
D  I  S  T  R  I  K  T  N  A  T  I  O  N  Z
F  R  I  H  E  T  R  Ä  T  T  V  I  S  A  J
M  E  D  B  O  R  G  A  R  S  K  A  P  H  M
```

MEDBORGARSKAP	RÄTTSLIG
CIVIL	RÄTTVISA
KONSTITUTION	LAG
DEMOKRATI	FRIHET
TAL	LEDARE
DISKUSSION	MONUMENT
DISTRIKT	NATIONELL
STAT	NATION
JÄMLIKHET	POLITIK
OBEROENDE	SYMBOL

84 - Filantropía

```
G  Y  K  J  M  X  X  P  B  L  A  B  O  L  G
E  G  X  A  Å  N  V  G  R  A  A  E  G  S  Y
N  D  A  T  L  E  D  E  M  T  A  H  H  D  G
E  M  I  E  X  U  C  P  A  M  V  Ö  B  P  D
R  H  Ä  H  P  O  U  F  R  D  S  V  R  A  G
O  I  G  N  R  A  B  X  C  O  U  E  E  K  K
S  S  R  E  N  B  S  F  M  D  G  R  T  S  D
I  T  U  R  I  I  U  A  M  Z  O  R  K  N  O
T  O  P  Ö  A  C  S  N  P  G  V  X  A  E  N
E  R  P  G  S  S  N  K  G  A  T  W  T  M  E
T  I  E  L  B  Z  A  B  O  D  C  S  N  E  R
W  A  R  Ä  P  Z  N  S  E  R  O  O  O  G  A
B  H  B  V  S  E  I  D  B  X  M  M  K  X  J
J  M  H  H  V  P  F  U  P  P  D  R  A  G  J
X  M  C  B  Ä  R  L  I  G  H  E  T  K  A  F
```

VÄLGÖRENHET
GEMENSKAP
KONTAKTER
DONERA
FINANS
MEDEL
GENEROSITET
MÄNNISKOR
GLOBAL

GRUPPER
HISTORIA
ÄRLIGHET
UNGDOM
MÅL
UPPDRAG
BEHÖVER
BARN
PROGRAM

85 - Clima

```
Y  F  N  B  T  O  R  R  C  K  R  E  W  J  Ö
L  M  O  L  T  A  M  I  L  K  Ä  O  I  Z  V
H  G  R  I  X  E  N  X  B  C  F  U  Y  H  E
P  E  K  X  D  J  M  R  O  T  S  D  U  B  R
O  M  A  T  S  I  X  P  T  R  O  M  B  H  S
L  A  N  J  D  V  M  O  E  B  M  D  N  I  V
Ä  M  Z  L  M  F  D  M  O  R  T  I  C  M  Ä
R  O  Y  V  K  F  Å  Z  A  C  A  G  I  M  M
A  N  W  K  W  K  S  I  P  O  R  T  T  E  N
K  S  I  H  H  N  K  C  R  K  G  O  U  L  I
R  U  G  G  M  L  A  I  R  V  N  L  C  R  N
O  N  I  N  W  X  N  J  T  P  M  R  X  J  G
T  H  E  L  I  M  O  L  N  D  G  V  Z  N  T
B  B  H  H  J  S  I  R  B  O  Z  O  U  C  J
P  O  X  J  V  L  I  F  I  T  J  W  Y  L  Z
```

ATMOSFÄR	POLÄRA
BRIS	BLIXT
HIMMEL	TORR
KLIMAT	TORKA
IS	TEMPERATUR
ORKAN	STORM
ÖVERSVÄMNING	TROMB
MONSUN	TROPISK
DIMMA	ÅSKA
MOLN	VIND

86 - Comida #2

```
H O V W Y J T I Z C C G K P Y
K S S N H W O S A O J W D I K
K Y P Y G N W S X B R H T S O
C Ö M L B X C Y T R U H G O Y
D H R D F I N G E F Ä R A L F
R K O S I R B C S E Z D Ö R B
U Ä B K B K Y C K L I N G O A
V G T V L Ä I V I P E J D S N
A G A W X A R P Y P D D L Z A
Z R M J Y Z D W L Ä I Y N I N
K R O N Ä R T S K O C K A A H
V E T E K X R Z D W V T P H M
B O G L I D B W P O P Z J E S
L I P O W S E L L E R I P F C
D C A L I Ä G G P L A N T A M
```

KRONÄRTSKOCKA
MANDEL
SELLERI
RIS
ÄGGPLANTA
KÖRSBÄR
CHOKLAD
SOLROS
ÄGG
INGEFÄRA

KIWI
ÄPPLE
BRÖD
BANAN
KYCKLING
OST
TOMAT
VETE
DRUVA
YOGHURT

87 - Diplomacia

```
D H V S L P P L E K B R F W O
T U P L M N O Y L N D Ä Ö G K
H M D E V B L X T D A T R L I
S A E R A V I G D Å R T D D X
Ä N S U B N T L D E Z V R Z F
K I A J B O I L A S J I A T O
E T E N I I K Å R P S S G E K
R Ä P A K S N E M E G A H T S
H R B A K S I T A M O L P I D
E R I W N U L Ö S N I N G R N
T Z V Z T K I L F N O K T G Ä
W R Ö D A S S A B M A O O E L
R E G E R I N G J D E A X T T
E T I K P D A S S A B M A N U
R E S O L U T I O N H I Y I H
```

RÅDGIVARE
GEMENSKAP
KONFLIKT
DIPLOMATISK
DISKUSSION
AMBASSAD
AMBASSADÖR
UTLÄNDSK
ETIK
REGERING

HUMANITÄR
SPRÅK
INTEGRITET
RÄTTVISA
POLITIK
RESOLUTION
SÄKERHET
LÖSNING
FÖRDRAG

88 - Herbistería

```
Y  G  Y  V  W  R  I  N  V  R  A  E  V  P  T
V  B  R  A  M  M  O  L  B  Ä  D  L  I  E  R
S  M  A  K  A  N  A  S  H  S  X  U  C  R  Ä
S  A  F  F  R  A  N  O  M  K  W  T  E  S  D
W  D  S  S  J  S  K  E  W  A  W  K  L  I  G
I  N  G  R  E  D  I  E  N  S  R  P  E  L  Å
B  L  T  Z  M  F  S  O  L  U  R  I  D  J  R
O  A  M  Y  N  T  A  V  K  J  S  D  N  A  D
P  V  S  A  R  O  M  A  T  I  S  K  E  D  T
V  I  I  I  A  Y  N  Z  R  F  S  V  T  H
R  T  D  F  L  Å  K  N  Ä  F  O  B  A  Y  S
W  L  L  I  D  I  E  H  I  E  D  R  L  U  H
N  Ö  R  G  U  A  K  K  D  R  A  G  O  N  J
L  K  Y  K  S  I  R  A  N  I  L  U  K  U  Z
E  L  K  V  A  L  I  T  E  T  V  D  L  T  I
```

VITLÖK
BASILIKA
AROMATISK
SAFFRAN
KVALITET
KULINARISK
DILL
DRAGON
BLOMMA
FÄNKÅL

INGREDIENS
TRÄDGÅRD
LAVENDEL
MEJRAM
MYNTA
PERSILJA
VÄXT
ROSMARIN
SMAK
GRÖN

89 - Energía

```
M C P W T K F B U N N R M T I
Y Y M V I S A Ö U U C H D G F
M B R K N I O H R R O H V S S
B A T T E R I R Z N I B R U T
P X O E N T R O P I Y K O K N
I B T T F K L E X S M B V O F
Z N N Ä K E E O O N O D A L O
H O D V E L S O L E T N G R T
T R N U L E E Y M B O T N D O
S T I B S I I N T F R D Å D N
Y K V H N T D N V B H F E F F
X E X D Ä S R D K Ä B B N A T
K L X G R G N I N E R O R Ö F
D E B H B V B D B H S M P F A
K Ä R N K R A F T X B T E M Y
```

BATTERI   BENSIN
VÄRME   VÄTE
KOL   INDUSTRI
BRÄNSLE   MOTOR
FÖRORENING   KÄRNKRAFT
DIESEL   FÖRNYBAR
ELEKTRON   SOL
ELEKTRISK   TURBIN
ENTROPI   ÅNGA
FOTON   VIND

90 - Especias

```
K Z O O Z F X U Y B Y E A P F
Ö R U S G I Ä X L V O P F E J
L J Y S Ö T Y N K Y R P C P C
E U A D S T I R K A L A Z P G
N O Y G D W S F B Å T P M A X
A C F I M N Z E U H L R G R V
K A U L J M E V C X A I B A A
N D F X X C S J X U S K H J N
Y S K S M A K D L N R A T V I
B I T T E R A J H I I R J I L
J N A R F F A S Z M K C Y T J
R A R Ä F E G N I M J A G L A
I O A F C T X S M U O E N Ö J
Y B T B T S P T O K S U M K R
J F A O K I W K I K Y G X T U
```

SUR

VITLÖK

BITTER

ANIS

SAFFRAN

KANEL

LÖK

KRYDDNEJLIKA

KUMMIN

CURRY

SÖT

FÄNKÅL

INGEFÄRA

MUSKOT

PAPRIKA

PEPPAR

LAKRITS

SMAK

SALT

VANILJ

91 - Emociones

```
U  Z  K  F  I  A  D  K  J  I  J  S  N  I  P
P  O  U  S  R  P  L  K  M  T  K  A  V  L  V
P  X  D  L  R  Ä  D  S  L  A  D  E  L  S  V
H  F  N  U  J  P  J  E  N  P  A  Z  E  K  Ä
E  H  G  G  K  C  Ö  Z  K  M  R  U  P  A  N
T  P  M  N  P  P  N  X  Ä  Y  E  A  C  J  L
S  E  T  C  S  R  A  U  R  S  N  B  Z  Y  I
A  J  H  A  F  G  M  H  L  Z  E  B  W  G  G
D  D  P  M  C  R  W  G  E  D  G  R  O  S  H
P  Ä  I  G  Ö  K  E  T  K  B  C  W  B  B  E
X  L  X  W  H  P  S  D  A  N  T  T  Ä  L  T
F  G  D  A  N  P  P  A  L  S  V  A  H  O  J
S  A  L  I  G  H  E  T  M  N  I  D  S  D  F
Ö  V  E  R  R  A  S  K  N  I  N  G  Z  G  Y
L  N  Y  W  P  R  I  N  N  E  H  Å  L  L  H
```

LEDA	ILSKA
TACKSAM	RÄDSLA
GLÄDJE	FRED
LÄTTNAD	AVSLAPPNAD
KÄRLEK	NÖJD
GENERAD	SYMPATI
SALIGHET	ÖVERRASKNING
VÄNLIGHET	ÖMHET
INNEHÅLL	LUGN
UPPHETSAD	SORG

92 - Universo

```
H  S  L  Y  I  A  B  R  E  D  D  G  R  A  D
I  G  N  H  A  R  T  S  O  L  E  D  T  Z  T
M  S  X  F  X  T  R  M  N  G  Y  M  D  C  A
M  K  O  S  M  I  S  K  O  N  G  Z  Å  G  D
E  S  O  L  S  T  Å  N  D  S  A  P  R  N  D
L  E  K  V  A  T  O  R  A  O  F  S  L  J  E
T  Z  X  U  V  H  C  Z  A  S  A  Ä  Y  Z  H
O  E  A  C  N  M  C  G  S  V  J  P  R  X  O
L  S  L  G  W  T  D  U  T  I  G  N  O  L  R
K  Y  A  E  K  A  B  D  R  E  K  R  Ö  M  I
V  N  G  O  S  R  D  I  O  R  E  T  S  A  S
L  L  D  D  K  K  A  E  N  P  H  S  E  N  O
A  I  M  P  G  M  O  N  O  R  T  S  A  P  N
H  G  D  A  V  V  B  P  M  K  A  P  C  G  T
H  I  M  M  E  L  S  K  I  B  E  J  X  J  I
```

ASTEROID	HORISONT
ASTRONOMI	BREDDGRAD
ASTRONOM	LONGITUD
ATMOSFÄR	MÅNE
HIMMELSK	MÖRKER
HIMMEL	SOL
KOSMISK	SOLSTÅND
EKVATOR	TELESKOP
GALAX	SYNLIG
HALVKLOT	

93 - Jazz

```
S  F  I  N  Z  B  Y  D  Z  A  I  W  M  T  R
E  T  F  D  H  N  A  I  W  F  M  P  D  K  F
T  Å  I  H  R  Ö  T  I  S  O  P  M  O  K  T
V  L  W  L  G  W  X  V  T  C  R  K  Ä  N  D
B  E  T  O  N  I  N  G  E  Z  O  I  Y  A  E
R  X  C  G  G  K  L  H  M  J  V  N  T  I  X
X  I  I  E  A  O  M  A  R  U  I  K  U  Y  R
A  K  O  N  M  N  U  R  E  T  S  E  K  R  O
M  L  A  R  M  S  S  Ä  T  X  A  T  U  A  M
U  X  B  E  A  E  I  N  I  T  T  S  A  H  M
S  C  N  U  L  R  K  T  R  M  I  G  I  T  U
I  O  Y  I  M  T  R  S  O  C  O  N  T  U  R
K  R  Y  T  M  O  A  N  V  G  N  A  L  A  T
E  K  T  D  X  B  V  O  A  M  R  M  Y  T  W
R  N  F  X  N  D  Z  K  F  C  C  U  U  G  J
```

KONSTNÄR	IMPROVISATION
ALBUM	MUSIK
LÅT	MUSIKER
KOMPOSITÖR	NY
KONSERT	ORKESTER
STIL	RYTM
BETONING	TALANG
KÄND	TRUMMOR
FAVORITER	TEKNIK
GENRE	GAMMAL

94 - Mediciones

```
K Y T C P D M N C T D J Ö H N
I G Y G V R E B Y T E J I J H
L O W F S D T P M J K F U V C
O B E A M L E R D I N I A P J
M Y L O V B R A E V I S V A G
E L P C M R M S C L Ä N G D R
T V E A Y E I S I R E U H O A
E S E P O D N A M U T W S Z D
R T O N L D U M A R G O L I K
E W G V N I T F L J J M O J J
S X S Z R E T E M I T N E C V
K A S N I P E E A W D H K C O
F K V C Y K E V R X B G H B I
B R Y Z W C V B G Z A D T F E
V X T B H H I B S M W D J A V
```

HÖJD	LÄNGD
BREDD	MASSA
BYTE	METER
CENTIMETER	MINUT
DECIMAL	UNS
GRAD	VIKT
GRAM	DJUP
KILOGRAM	TUM
KILOMETER	TON
LITER	VOLYM

95 - Barcos

```
M  Y  U  J  F  I  S  N  T  H  C  A  Y  I  O
X  D  D  S  J  Ö  E  P  I  F  E  A  A  E  Y
M  Y  J  D  O  N  G  R  D  B  Ä  X  K  U  K
D  I  W  N  P  P  E  R  V  R  N  R  A  W  U
M  A  S  T  K  W  L  Z  A  E  A  G  J  V  M
S  P  S  L  E  N  B  T  T  H  U  R  G  A  X
C  J  O  I  G  C  Å  Y  T  M  T  O  N  A  K
R  B  Ö  M  P  B  T  M  E  G  I  T  I  S  Z
X  O  S  M  W  C  T  E  N  Y  S  O  N  O  M
N  J  G  T  A  V  V  P  C  G  K  M  T  S  L
R  F  T  Å  T  N  F  L  O  T  T  E  T  S  K
P  F  B  B  V  A  N  K  A  R  E  Y  Ä  F  A
O  L  S  V  A  D  T  O  B  N  J  T  S  L  J
C  I  A  I  H  M  Z  R  R  O  C  T  E  O  A
S  K  Y  L  O  A  X  U  R  U  M  E  B  D  K
```

ANKARE	TIDVATTEN
FLOTTE	SJÖMAN
LIVBÅT	MAST
BOJ	MOTOR
KANOT	NAUTISK
REP	VÅGOR
FÄRJA	FLOD
KAJAK	BESÄTTNING
SJÖ	SEGELBÅT
HAV	YACHT

96 - Antártida

```
P  I  N  G  V  I  N  E  R  V  V  R  M  E  B
F  W  O  Z  S  X  O  J  J  A  X  K  G  P  T
K  O  N  T  I  N  E  N  T  T  P  C  V  P  S
I  B  L  O  U  O  L  S  Y  T  I  B  L  C  D
V  E  O  S  I  I  G  N  R  E  F  N  S  C  O
P  V  M  T  A  T  M  P  G  N  J  J  O  P  J
B  A  S  X  U  I  A  X  R  S  I  J  R  A  Ö
U  R  K  C  S  D  H  R  E  I  M  H  E  S  E
U  A  Z  H  T  E  S  A  G  F  Å  G  L  A  R
H  N  X  C  S  P  H  T  L  I  M  I  A  I  A
G  D  Z  P  D  X  U  A  E  V  M  S  R  D  K
S  E  I  U  R  E  H  Z  C  N  Ö  U  E  R  S
G  L  A  C  I  Ä  R  E  R  T  I  E  N  I  R
G  E  O  G  R  A  F  I  C  I  Z  G  I  N  O
V  E  T  E  N  S  K  A  P  L  I  G  M  E  F
```

VATTEN
VIK
VETENSKAPLIG
BEVARANDE
KONTINENT
EXPEDITION
GEOGRAFI
GLACIÄRER
IS

FORSKARE
ÖAR
MIGRATION
MINERALER
MOLN
FÅGLAR
HALVÖ
PINGVINER
STENIG

97 - Mamíferos

```
G  F  K  K  A  W  K  H  F  H  F  P  S  Y  O
I  Z  T  A  P  A  V  U  W  O  J  R  U  J  T
R  A  U  Å  N  G  B  N  R  T  S  Ä  H  D  T
A  T  C  S  T  I  C  D  Ä  N  K  R  O  E  O
F  Y  T  N  V  Z  N  X  V  A  A  I  U  L  F
F  L  W  A  R  B  E  Z  W  F  D  E  O  F  J
Z  E  P  U  X  F  V  K  D  E  V  V  P  I  T
K  M  J  J  G  Å  H  W  O  L  Y  A  O  N  S
B  A  L  L  I  R  O  G  U  E  L  R  O  F  W
C  K  T  V  V  V  J  A  U  R  U  G  N  Ä  K
C  L  W  T  V  J  V  G  E  B  K  W  R  C  F
D  A  G  V  G  H  A  U  X  J  K  V  W  A  K
Y  C  S  E  X  Y  L  Y  P  Ö  W  S  K  H  V
K  R  P  C  P  B  J  S  R  R  E  I  J  V  O
U  L  P  M  B  X  M  F  K  N  Y  I  E  P  V
```

VAL	KATT
ÅSNA	GORILLA
HÄST	GIRAFF
KAMEL	VARG
KÄNGURU	APA
ZEBRA	BJÖRN
KANIN	FÅR
PRÄRIEVARG	HUND
DELFIN	TJUR
ELEFANT	RÄV

98 - Boxeo

```
Z U X V S U K O F Y J J P D J
X I J R G N Ä O P H V G G F H
S K A D O R A C R H N N E S P
C A K C O L K B B Ö W I G N H
I E G Å B M R A B R U N N C I
D K N N H O A S I N F T V C B
H C R N O E P M Ä K M M Z P F
D A F C U F S A J Y I Ä C J Ä
P K N N S T Y R K A E H P L R
N A E D A T T A M T U R E P D
T H O L S U N K Z I A E R W I
J Z A B U K Y Ä A J D T A C G
E O P J X G A Y V X U Å M X H
H Y U W P P O R K E S V O V E
M O T S T Å N D A R E B D B T
```

DOMARE	HANDSKAR
HAKA	FÄRDIGHET
KLOCKA	SKADOR
FOKUS	KÄMPE
ARMBÅGE	MOTSTÅNDARE
REP	SPARKA
KROPP	POÄNG
HÖRN	NÄVE
UTMATTAD	SNABB
STYRKA	ÅTERHÄMTNING

99 - Abejas

```
V  Ä  L  G  Ö  R  A  N  D  E  S  U  X  M  F
B  W  R  A  G  N  I  V  D  T  O  E  X  Å  B
V  L  B  Ö  P  U  M  P  N  F  L  L  V  N  I
Z  W  I  E  K  R  B  C  F  T  S  M  A  G  G
U  R  K  W  P  E  X  K  T  W  O  R  X  F  F
I  Z  U  R  O  T  A  N  I  L  L  O  P  A  R
L  K  P  I  L  X  M  R  Ä  V  S  M  L  L  U
S  T  A  M  L  Ä  M  N  J  G  Y  M  Z  D  K
F  O  K  D  E  V  O  U  T  X  F  O  Z  R  T
H  P  R  E  N  D  L  Y  R  Y  B  L  B  H  J
V  O  N  S  S  R  B  B  H  Y  U  B  D  T  Y
Y  B  N  L  G  N  I  N  T  T  O  R  D  N  U
A  Y  I  U  O  E  I  R  K  P  U  H  I  V  B
O  Y  B  C  N  E  K  O  S  Y  S  T  E  M  L
J  D  A  M  X  G  T  R  Ä  D  G  Å  R  D  M
```

VINGAR	FRUKT
VÄLGÖRANDE	RÖK
VAX	INSEKT
BIKUPA	TRÄDGÅRD
MAT	HONUNG
MÅNGFALD	VÄXTER
EKOSYSTEM	POLLEN
SVÄRM	POLLINATOR
BLOMMA	DROTTNING
BLOMMOR	SOL

100 - Psicología

```
U P P F A T T N I N G N S T Z
M E D V E T S L Ö S T C T K D
K P E R S O N L I G H E T I O
M L V E R K L I G H E T X L Y
K P I T A N K A R K W K V F T
B Ä A N T E V D E M R E D N U
Y A N G I E G O D Y E K K O B
D L R S T S E T N B É O Ä K E
O W T N L L K O E D D G N U D
C P Z N D A E M E R I N S R Ö
T O J A N O V M T Ö P I L W M
T J N H W Z M S E M A T O G N
P R O B L E M B B M R I R R I
U T N Ä M N I N G A E O J W N
S P S B L T T T B R T N A B G
```

UTNÄMNING
KLINISK
KOGNITION
BETEENDE
KONFLIKT
EGO
KÄNSLOR
BEDÖMNING
IDÉER
MEDVETSLÖS

BARNDOM
TANKAR
UPPFATTNING
PERSONLIGHET
PROBLEM
VERKLIGHET
KÄNSLA
UNDERMEDVETNA
DRÖMMAR
TERAPI

1 - Agua

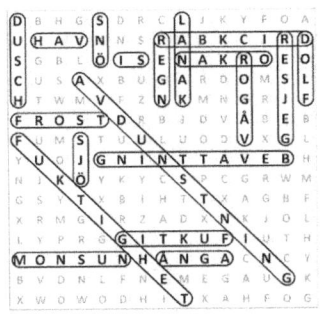

2 - Arqueología

3 - Granja #2

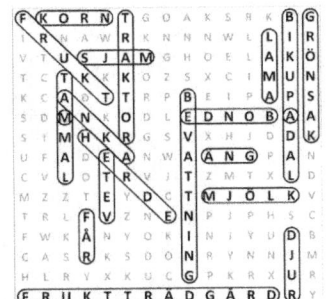

4 - La Empresa

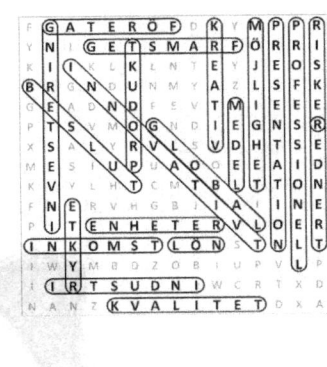

5 - Aviones

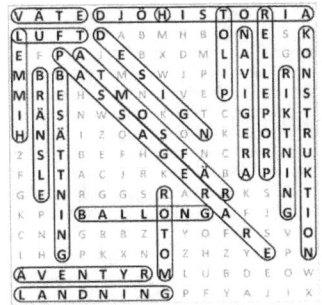

6 - Tipos de Cabello

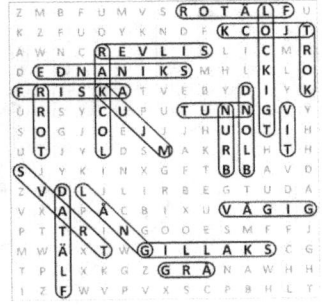

7 - Ética

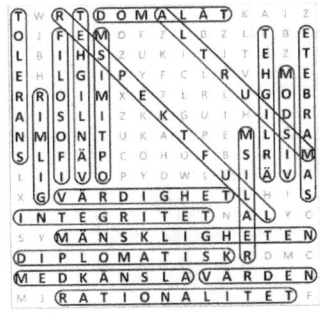

8 - Ciencia Ficción

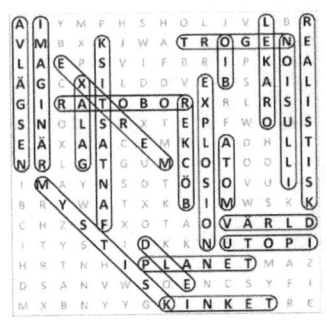

9 - Granja #1

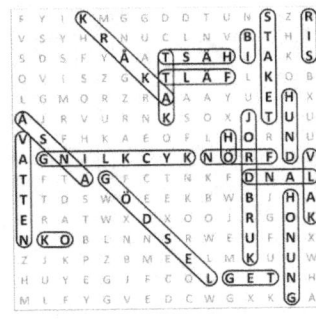

10 - Camping

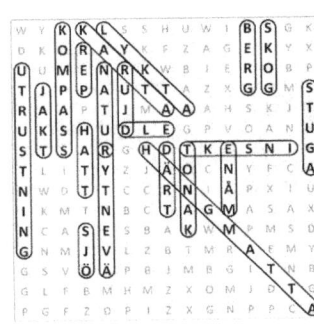

11 - Fruta

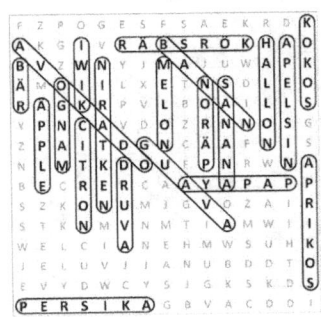

12 - Geología

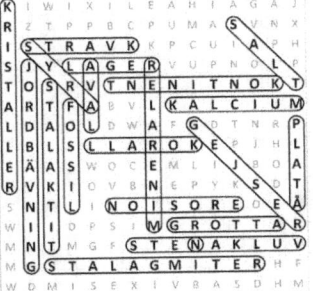

13 - Álgebra

14 - Plantas

15 - Suministros de Arte

16 - Negocio

17 - Jardín

18 - Países #2

19 - Números

20 - Física

21 - Belleza

22 - Países #1

23 - Mitología

24 - Ecología

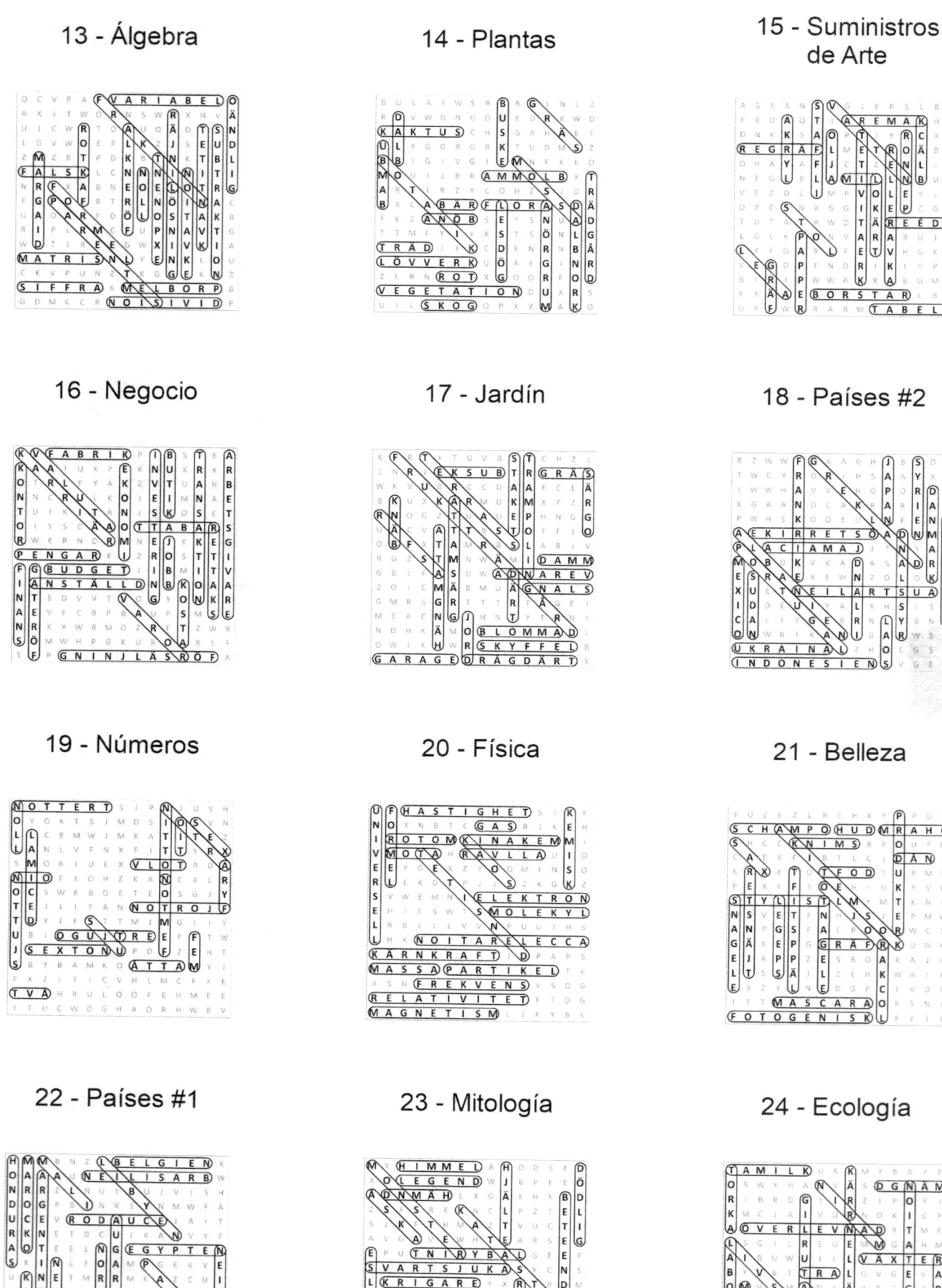

25 - Casa

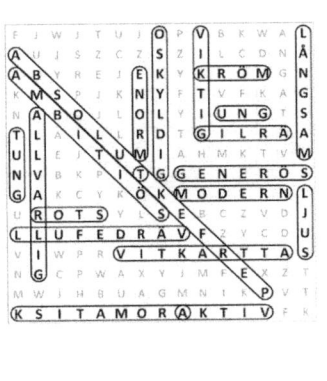

26 - Salud y Bienestar #2

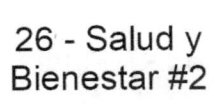
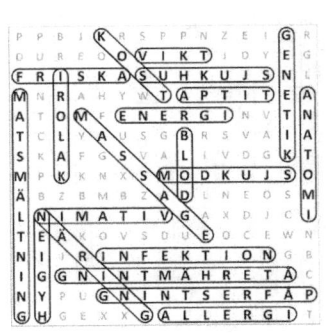

27 - Selva Tropical

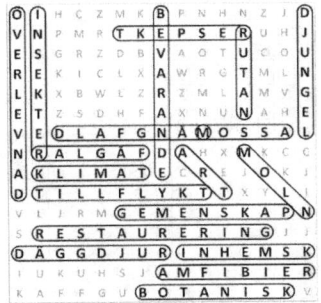

28 - Adjetivos #1

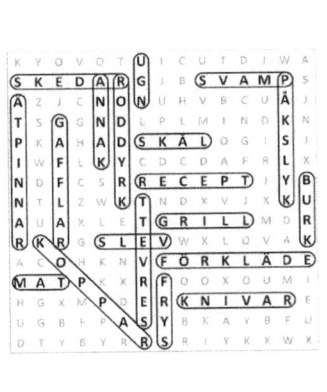

29 - Familia

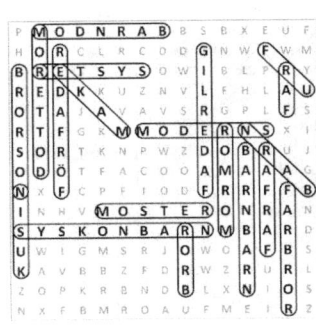

30 - Disciplinas Científicas

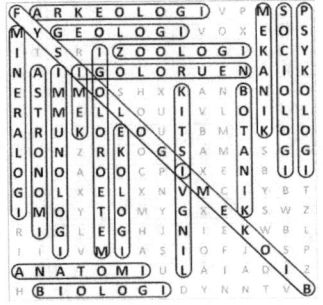

31 - Cocina

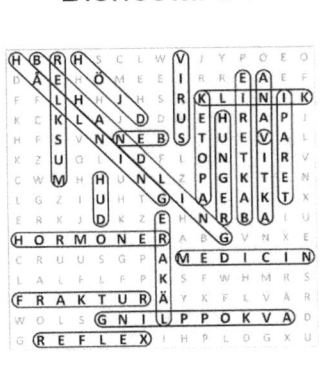

32 - Moda

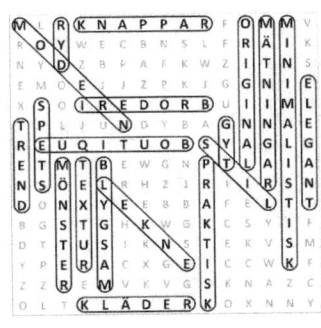

33 - Electricidad

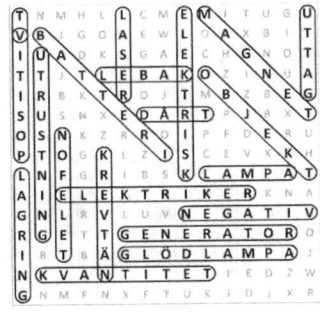

34 - Salud y Bienestar #1

35 - Adjetivos #2

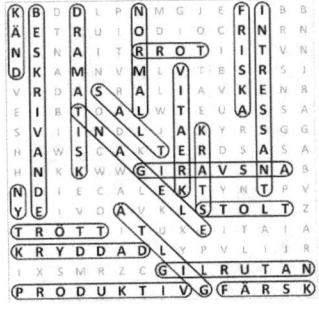

36 - Cuerpo Humano

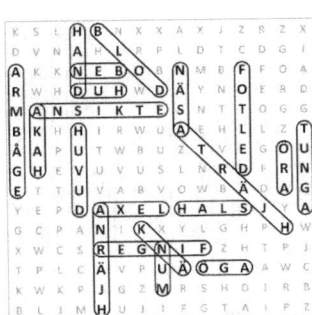

37 - Calentamiento Gl

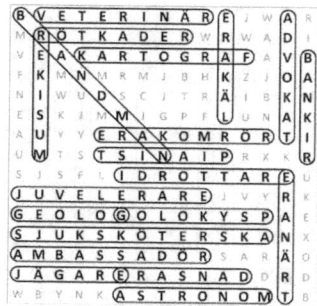

38 - Ciencia

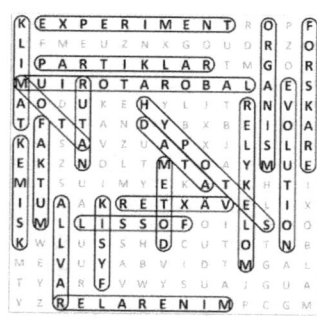

39 - Restaurante #2

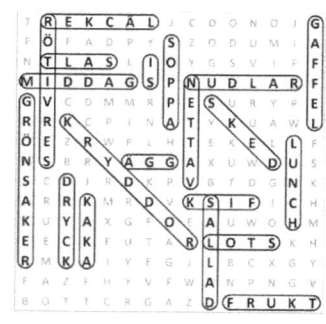

40 - Profesiones #1

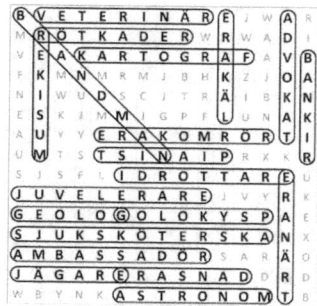

41 - Vehículos

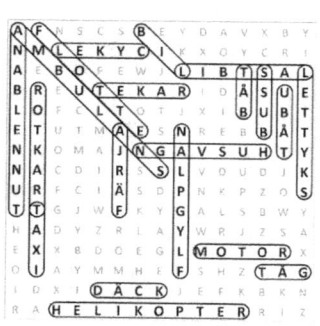

42 - Geometría

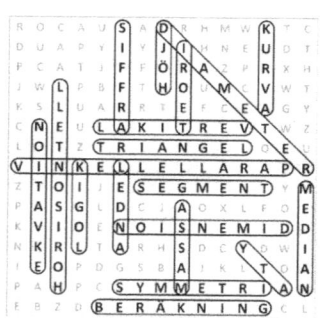

43 - Vacaciones #2

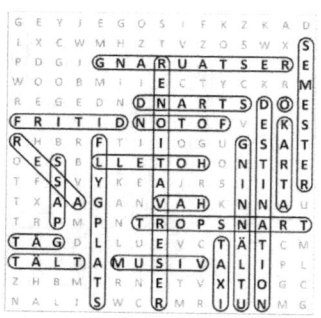

44 - Baile

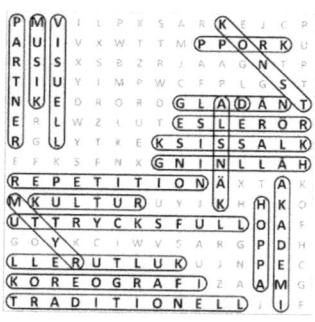

45 - Matemáticas

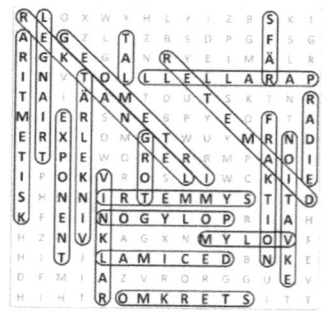

46 - Profesiones #2

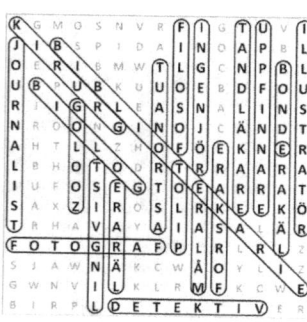

47 - Senderismo

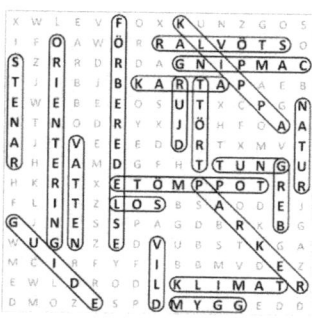

48 - Naturaleza

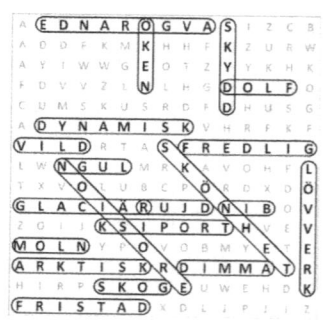

49 - Conduciendo

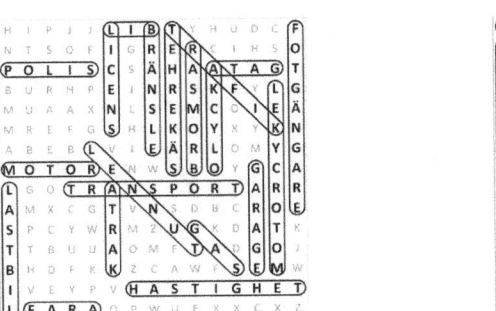

50 - Ballet

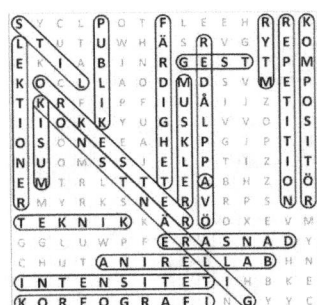

51 - Fuerza y Gravedad

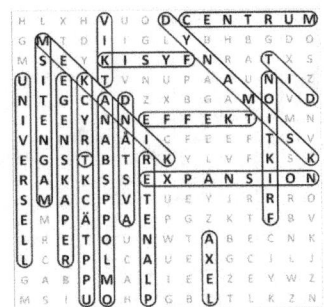

52 - Aventura

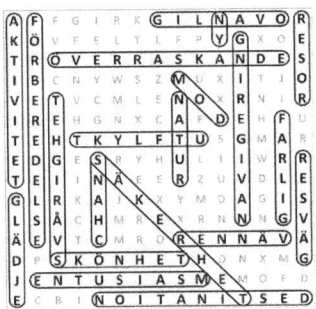

53 - Pájaros

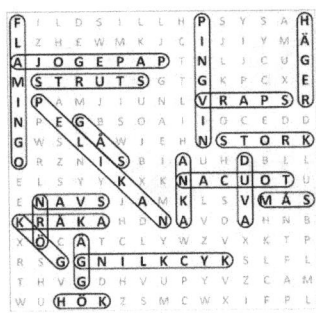

54 - Geografía

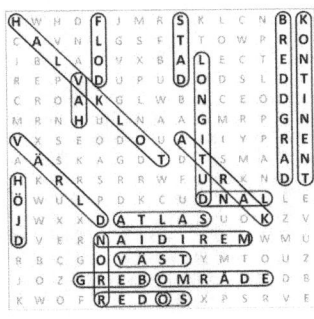

55 - Música

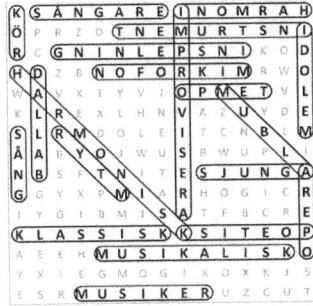

56 - Enfermedad

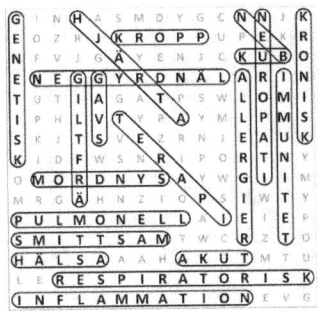

57 - Actividades

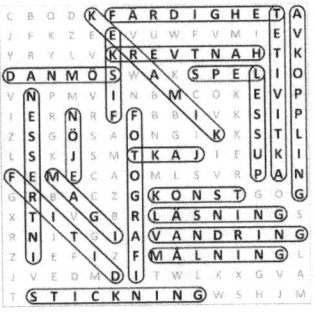

58 - Verduras

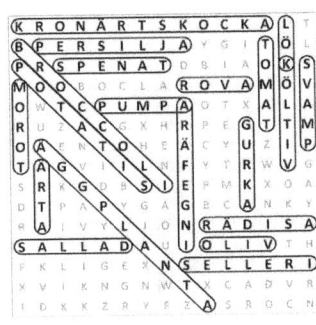

59 - Instrumentos Musicales

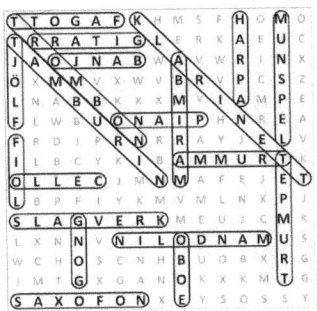

60 - Formas

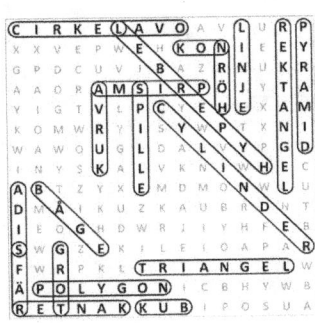

61 - Flores

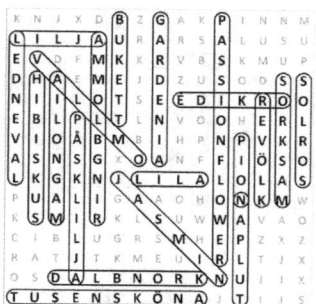

62 - Astronomía

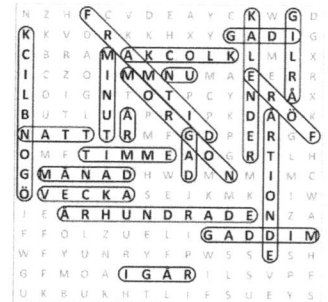

63 - Tiempo

64 - Paisajes

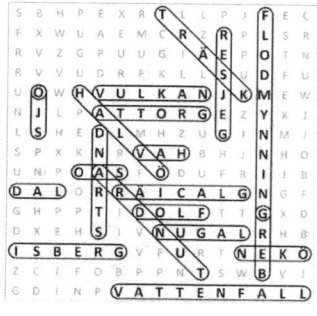

65 - Días y Meses

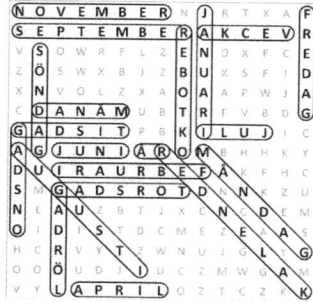

66 - Biología

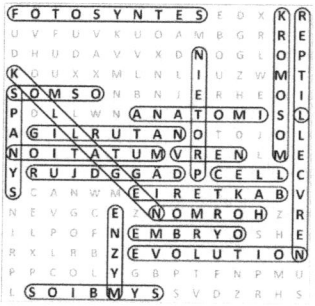

67 - Barbacoas

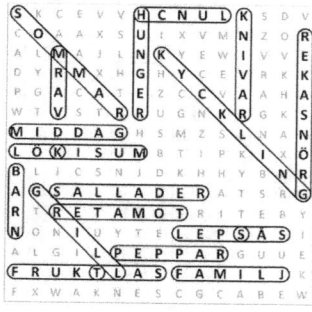

68 - Ropa

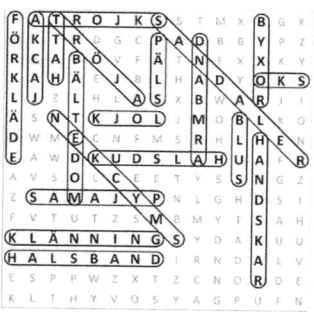

69 - Meditación

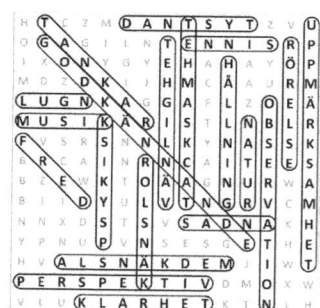

70 - Café

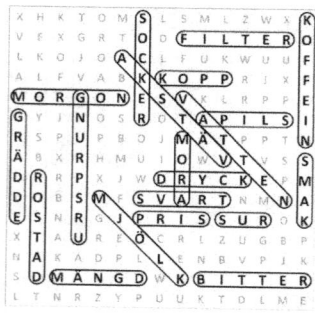

71 - Libros

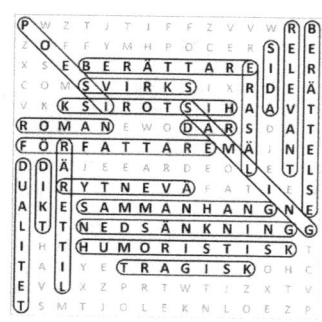

72 - Los Medios de Comunicación

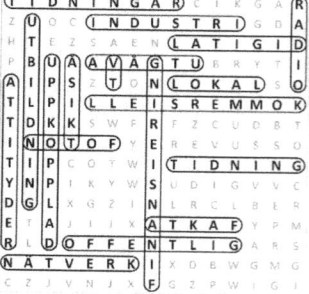

73 - Nutrición

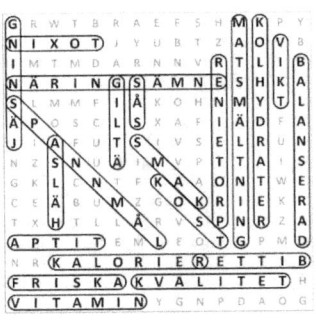

74 - Edificios

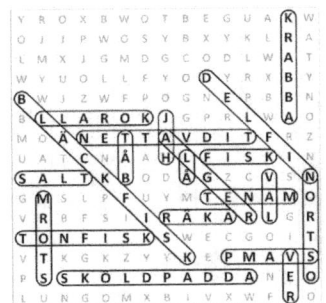

75 - Océano

76 - Ciudad

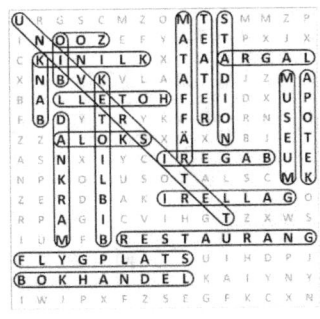

77 - Agronomía

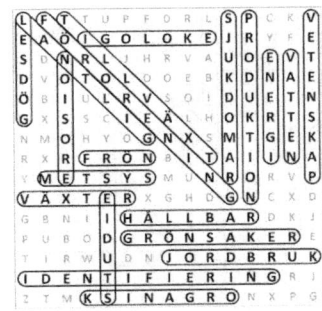

78 - Ingeniería

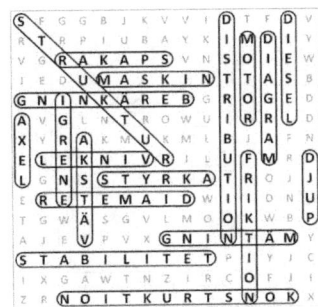

79 - Comida #1

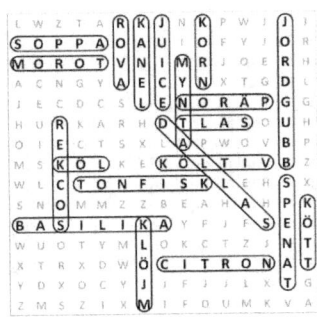

80 - Antigüedades

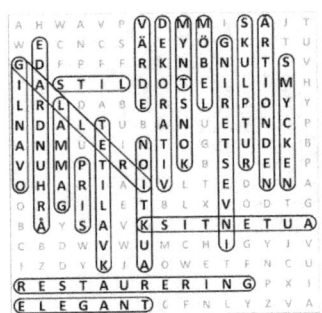

81 - Literatura

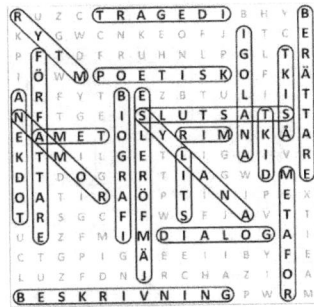

82 - Química

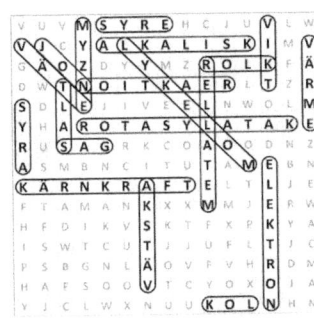

83 - Gobierno

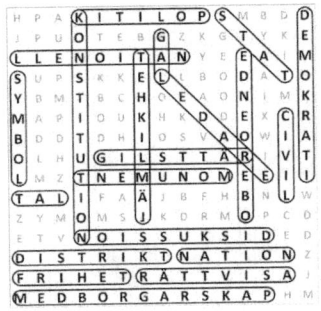

84 - Filantropía

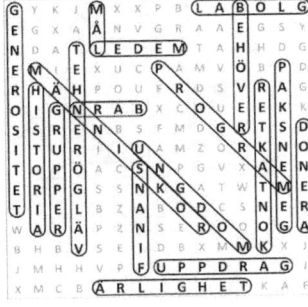

85 - Clima

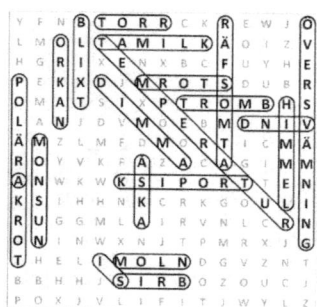

86 - Comida #2

87 - Diplomacia

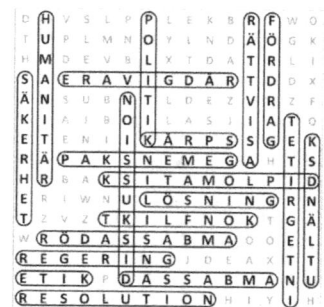

88 - Herboristería

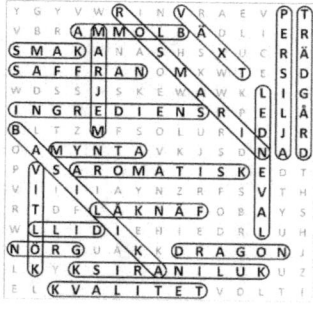

89 - Energía

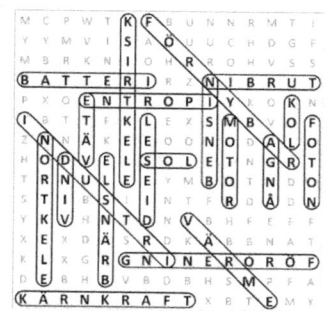

90 - Especias

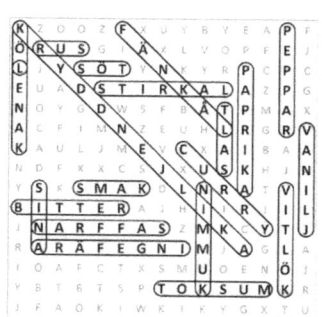

91 - Emociones

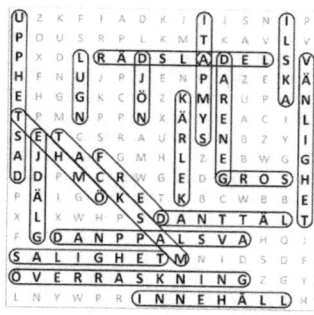

92 - Universo

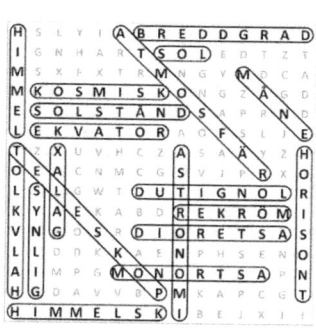

93 - Jazz

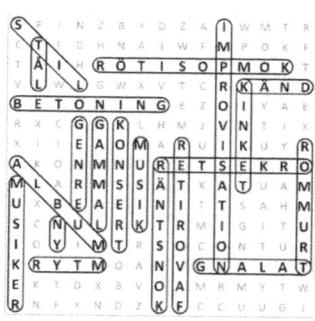

94 - Mediciones

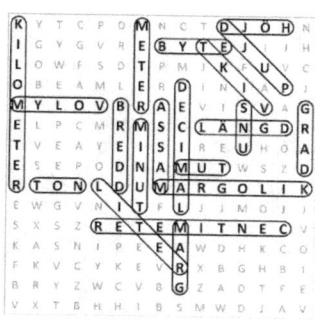

95 - Barcos

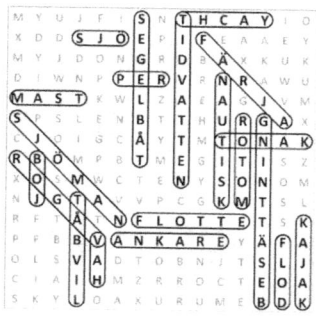

96 - Antártida

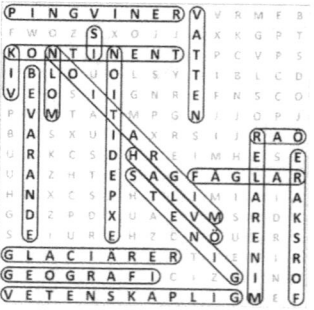

97 - Mamíferos

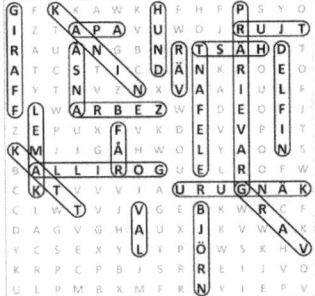

98 - Boxeo

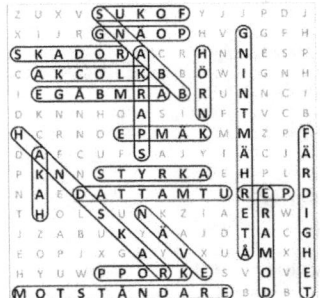

99 - Abejas

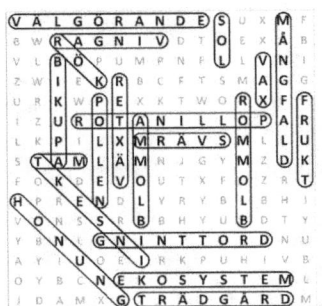

100 - Psicología

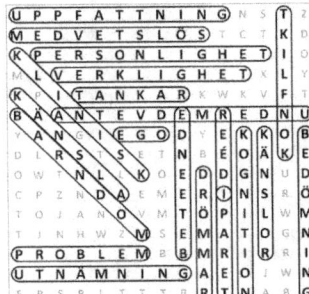

Diccionario

Abejas
Bin

Alas	Vingar
Beneficioso	Välgörande
Cera	Vax
Colmena	Bikupa
Comida	Mat
Diversidad	Mångfald
Ecosistema	Ekosystem
Enjambre	Svärm
Flor	Blomma
Flores	Blommor
Fruta	Frukt
Humo	Rök
Insecto	Insekt
Jardín	Trädgård
Miel	Honung
Plantas	Växter
Polen	Pollen
Polinizador	Pollinator
Reina	Drottning
Sol	Sol

Actividades
Aktiviteter

Actividad	Aktivitet
Arte	Konst
Artesanía	Hantverk
Caza	Jakt
Cerámica	Keramik
Costura	Sömnad
Fotografía	Fotografi
Habilidad	Färdighet
Intereses	Intressen
Juegos	Spel
Lectura	Läsning
Magia	Magi
Ocio	Fritid
Pesca	Fiske
Pintura	Målning
Placer	Nöje
Relajación	Avkoppling
Rompecabezas	Pussel
Senderismo	Vandring
Tejer	Stickning

Adjetivos #1
Adjektiv #1

Absoluto	Absolut
Activo	Aktiv
Ambicioso	Ambitiös
Aromático	Aromatisk
Atractivo	Attraktiv
Brillante	Ljus
Enorme	Enorm
Generoso	Generös
Grande	Stor
Honesto	Ärlig
Importante	Viktig
Inocente	Oskyldig
Joven	Ung
Lento	Långsam
Moderno	Modern
Oscuro	Mörk
Perfecto	Perfekt
Pesado	Tung
Serio	Allvarlig
Valioso	Värdefull

Adjetivos #2
Adjektiv #2

Cansado	Trött
Comestible	Ätlig
Creativo	Kreativ
Descriptivo	Beskrivande
Dramático	Dramatisk
Elegante	Elegant
Famoso	Känd
Fresco	Färsk
Fuerte	Stark
Interesante	Intressant
Natural	Naturlig
Normal	Normal
Nuevo	Ny
Orgulloso	Stolt
Picante	Kryddad
Productivo	Produktiv
Responsable	Ansvarig
Salado	Salt
Saludable	Friska
Seco	Torr

Agronomía
Agronomi

Agricultura	Jordbruk
Agua	Vatten
Ciencia	Vetenskap
Contaminación	Förorening
Crecimiento	Tillväxt
Ecología	Ekologi
Energía	Energi
Enfermedades	Sjukdomar
Erosión	Erosion
Estudio	Studie
Fertilizante	Gödsel
Identificación	Identifiering
Orgánico	Organisk
Plantas	Växter
Producción	Produktion
Rural	Lantlig
Semillas	Frön
Sistemas	System
Sostenible	Hållbar
Verduras	Grönsaker

Agua
Vatten

Canal	Kanal
Ducha	Dusch
Evaporación	Avdunstning
Géiser	Gejser
Helada	Frost
Hielo	Is
Humedad	Fuktighet
Huracán	Orkan
Húmedo	Fuktig
Inundación	Översvämning
Lago	Sjö
Lluvia	Regn
Monzón	Monsun
Nieve	Snö
Océano	Hav
Olas	Vågor
Potable	Drickbar
Riego	Bevattning
Río	Flod
Vapor	Ånga

Antártida
Antarktis

Agua	Vatten
Bahía	Vik
Científico	Vetenskaplig
Conservación	Bevarande
Continente	Kontinent
Expedición	Expedition
Geografía	Geografi
Glaciares	Glaciärer
Hielo	Is
Investigador	Forskare
Islas	Öar
Migración	Migration
Minerales	Mineraler
Nubes	Moln
Pájaros	Fåglar
Península	Halvö
Pingüinos	Pingviner
Rocoso	Stenig
Temperatura	Temperatur
Topografía	Topografi

Antigüedades
Antikviteter

Arte	Konst
Auténtico	Autentisk
Calidad	Kvalitet
Decorativo	Dekorativ
Décadas	Årtionden
Elegante	Elegant
Escultura	Skulptur
Estilo	Stil
Galería	Galleri
Inusual	Ovanlig
Inversión	Investering
Joyas	Smycken
Monedas	Mynt
Mueble	Möbel
Precio	Pris
Restauración	Restaurering
Siglo	Århundrade
Subasta	Auktion
Valor	Värde
Viejo	Gammal

Arqueología
Arkeologi

Análisis	Analys
Antigüedad	Antiken
Años	År
Civilización	Civilisation
Descendiente	Ättling
Desconocido	Okänd
Equipo	Team
Era	Era
Evaluación	Utvärdering
Experto	Expert
Fósil	Fossil
Huesos	Ben
Investigador	Forskare
Misterio	Mysterium
Objetos	Objekt
Olvidado	Glömt
Profesor	Professor
Reliquia	Relik
Templo	Tempel
Tumba	Grav

Astronomía
Astronomi

Asteroide	Asteroid
Astronauta	Astronaut
Astrónomo	Astronom
Cielo	Himmel
Cohete	Raket
Constelación	Konstellation
Cosmos	Kosmos
Eclipse	Förmörkelse
Equinoccio	Dagjämning
Galaxia	Galax
Luna	Måne
Meteoro	Meteor
Observatorio	Observatorium
Planeta	Planet
Radiación	Strålning
Satélite	Satellit
Supernova	Supernova
Telescopio	Teleskop
Tierra	Jord
Universo	Universum

Aventura
Äventyr

Actividad	Aktivitet
Alegría	Glädje
Amigos	Vänner
Belleza	Skönhet
Destino	Destination
Dificultad	Svårighet
Entusiasmo	Entusiasm
Excursión	Utflykt
Inusual	Ovanlig
Itinerario	Resväg
Naturaleza	Natur
Navegación	Navigering
Nuevo	Ny
Oportunidad	Chans
Peligroso	Farlig
Preparación	Förberedelse
Seguridad	Säkerhet
Sorprendente	Överraskande
Valentía	Mod
Viajes	Resor

Aviones
Flygplan

Aire	Luft
Altura	Höjd
Aterrizaje	Landning
Atmósfera	Atmosfär
Aventura	Äventyr
Cielo	Himmel
Combustible	Bränsle
Construcción	Konstruktion
Dirección	Riktning
Diseño	Design
Globo	Ballong
Hélices	Propeller
Hidrógeno	Väte
Historia	Historia
Motor	Motor
Navegar	Navigera
Pasajero	Passagerare
Piloto	Pilot
Tripulación	Besättning
Turbulencia	Turbulens

Álgebra
Algebra

Cantidad	Kvantitet
Cero	Noll
Diagrama	Diagram
División	Division
Ecuación	Ekvation
Exponente	Exponent
Factor	Faktor
Falso	Falsk
Fórmula	Formel
Fracción	Fraktion
Infinito	Oändlig
Lineal	Linjär
Matriz	Matris
Número	Siffra
Paréntesis	Parentes
Problema	Problem
Resta	Subtraktion
Simplificar	Förenkla
Solución	Lösning
Variable	Variabel

Baile
Dansa

Academia	Akademi
Alegre	Glad
Arte	Konst
Clásico	Klassisk
Coreografía	Koreografi
Cuerpo	Kropp
Cultura	Kultur
Cultural	Kulturell
Emoción	Känsla
Ensayo	Repetition
Expresivo	Uttrycksfull
Gracia	Nåd
Movimiento	Rörelse
Música	Musik
Postura	Hållning
Ritmo	Rytm
Saltar	Hoppa
Socio	Partner
Tradicional	Traditionell
Visual	Visuell

Ballet
Balett

Aplauso	Applåder
Artístico	Konstnärlig
Audiencia	Publik
Bailarina	Ballerina
Bailarines	Dansare
Compositor	Kompositör
Coreografía	Koreografi
Ensayo	Repetition
Estilo	Stil
Expresivo	Uttrycksfull
Gesto	Gest
Habilidad	Färdighet
Intensidad	Intensitet
Lecciones	Lektioner
Músculos	Muskler
Música	Musik
Orquesta	Orkester
Práctica	Öva
Ritmo	Rytm
Técnica	Teknik

Barbacoas
Grillar

Almuerzo	Lunch
Caliente	Varm
Cebollas	Lök
Cena	Middag
Cuchillos	Knivar
Ensaladas	Sallader
Familia	Familj
Fruta	Frukt
Hambre	Hunger
Juegos	Spel
Música	Musik
Niños	Barn
Parrilla	Grill
Pimienta	Peppar
Pollo	Kyckling
Sal	Salt
Salsa	Sås
Tomates	Tomater
Verano	Sommar
Verduras	Grönsaker

Barcos
Båtar

Ancla	Ankare
Balsa	Flotte
Bote Salvavidas	Livbåt
Boya	Boj
Canoa	Kanot
Cuerda	Rep
Ferry	Färja
Kayak	Kajak
Lago	Sjö
Mar	Hav
Marea	Tidvatten
Marinero	Sjöman
Mástil	Mast
Motor	Motor
Náutico	Nautisk
Olas	Vågor
Río	Flod
Tripulación	Besättning
Velero	Segelbåt
Yate	Yacht

Belleza
Skönhet

Aceites	Oljor
Champú	Schampo
Color	Färg
Cosméticos	Kosmetika
Elegancia	Elegans
Elegante	Elegant
Encanto	Charm
Espejo	Spegel
Estilista	Stylist
Fotogénico	Fotogenisk
Fragancia	Doft
Gracia	Nåd
Maquillaje	Smink
Piel	Hud
Pintalabios	Läppstift
Productos	Produkter
Rizos	Lockar
Rímel	Mascara
Servicios	Tjänster
Tijeras	Sax

Biología
Biologi

Anatomía	Anatomi
Bacterias	Bakterie
Celda	Cell
Colágeno	Kollagen
Cromosoma	Kromosom
Embrión	Embryo
Enzima	Enzym
Evolución	Evolution
Fotosíntesis	Fotosyntes
Hormona	Hormon
Mamífero	Däggdjur
Mutación	Mutation
Natural	Naturlig
Nervio	Nerv
Neurona	Nervcell
Ósmosis	Osmos
Proteína	Protein
Reptil	Reptil
Simbiosis	Symbios
Sinapsis	Synaps

Boxeo
Boxning

Árbitro	Domare
Barbilla	Haka
Campana	Klocka
Centrar	Fokus
Codo	Armbåge
Cuerdas	Rep
Cuerpo	Kropp
Esquina	Hörn
Exhausto	Utmattad
Fuerza	Styrka
Guantes	Handskar
Habilidad	Färdighet
Lesiones	Skador
Luchador	Kämpe
Oponente	Motståndare
Patear	Sparka
Puntos	Poäng
Puño	Näve
Rápido	Snabb
Recuperación	Återhämtning

Café
Kaffe

Agua	Vatten
Amargo	Bitter
Aroma	Arom
Asado	Rostad
Azúcar	Socker
Ácido	Sur
Bebida	Dryck
Cafeína	Koffein
Crema	Grädde
Filtro	Filter
Leche	Mjölk
Líquido	Vätska
Mañana	Morgon
Moler	Slipa
Negro	Svart
Origen	Ursprung
Precio	Pris
Sabor	Smak
Taza	Kopp
Variedad	Mängd

Calentamiento Global
Global Uppvärmning

Ahora	Nu
Ambiental	Miljö
Atención	Uppmärksamhet
Ártico	Arktisk
Científico	Forskare
Clima	Klimat
Consecuencias	Konsekvenser
Crisis	Kris
Datos	Data
Desarrollo	Utveckling
Energía	Energi
Futuro	Framtid
Gas	Gas
Generaciones	Generationer
Gobierno	Regering
Humanos	Människor
Industria	Industri
Legislación	Lagstiftning
Poblaciones	Befolkningar
Temperaturas	Temperaturer

Camping
Camping

Animales	Djur
Aventura	Äventyr
Árboles	Träd
Bosque	Skog
Brújula	Kompass
Cabina	Stuga
Canoa	Kanot
Caza	Jakt
Cuerda	Rep
Equipo	Utrustning
Fuego	Eld
Hamaca	Hängmatta
Insecto	Insekt
Lago	Sjö
Linterna	Lykta
Luna	Måne
Mapa	Karta
Montaña	Berg
Naturaleza	Natur
Sombrero	Hatt

Casa
Hus

Alfombra	Matta
Ático	Vind
Biblioteca	Bibliotek
Chimenea	Skorsten
Cocina	Kök
Dormitorio	Sovrum
Ducha	Dusch
Escoba	Kvast
Espejo	Spegel
Garaje	Garage
Grifo	Kran
Jardín	Trädgård
Lámpara	Lampa
Pared	Vägg
Piso	Golv
Puerta	Dörr
Sótano	Källare
Techo	Tak
Valla	Staket
Ventana	Fönster

Ciencia
Vetenskap

Átomo	Atom
Científico	Forskare
Clima	Klimat
Datos	Data
Evolución	Evolution
Experimento	Experiment
Física	Fysik
Fósil	Fossil
Gravedad	Allvar
Hecho	Faktum
Hipótesis	Hypotes
Laboratorio	Laboratorium
Método	Metod
Minerales	Mineraler
Moléculas	Molekyler
Naturaleza	Natur
Organismo	Organism
Partículas	Partiklar
Plantas	Växter
Químico	Kemisk

Ciencia Ficción
Science Fiction

Atómico	Atom
Cine	Bio
Distante	Avlägsen
Explosión	Explosion
Extremo	Extrem
Fantástico	Fantastisk
Fuego	Eld
Futurista	Trogen
Galaxia	Galax
Ilusión	Illusion
Imaginario	Imaginär
Libros	Böcker
Misterioso	Mystisk
Mundo	Värld
Oráculo	Orakel
Planeta	Planet
Realista	Realistisk
Robots	Robotar
Tecnología	Teknik
Utopía	Utopi

Ciudad
Staden

Aeropuerto	Flygplats
Banco	Bank
Biblioteca	Bibliotek
Cine	Bio
Clínica	Klinik
Escuela	Skola
Estadio	Stadion
Farmacia	Apotek
Galería	Galleri
Hotel	Hotell
Librería	Bokhandel
Mercado	Marknad
Museo	Museum
Panadería	Bageri
Restaurante	Restaurang
Supermercado	Mataffär
Teatro	Teater
Tienda	Lagra
Universidad	Universitet
Zoo	Zoo

Clima
Väder

Atmósfera	Atmosfär
Brisa	Bris
Cielo	Himmel
Clima	Klimat
Hielo	Is
Huracán	Orkan
Inundación	Översvämning
Monzón	Monsun
Niebla	Dimma
Nube	Moln
Polar	Polära
Rayo	Blixt
Seco	Torr
Sequía	Torka
Temperatura	Temperatur
Tormenta	Storm
Tornado	Tromb
Tropical	Tropisk
Trueno	Åska
Viento	Vind

Cocina
Kök

Caldera	Vattenkokare
Comida	Mat
Congelador	Frys
Cucharas	Skedar
Cucharón	Slev
Cuchillos	Knivar
Delantal	Förkläde
Especias	Kryddor
Esponja	Svamp
Horno	Ugn
Jarra	Kanna
Palillos	Ätpinnar
Parrilla	Grill
Receta	Recept
Refrigerador	Kylskåp
Servilleta	Servett
Tarro	Burk
Tazas	Koppar
Tazón	Skål
Tenedores	Gafflar

Comida #1
Mat #1

Ajo	Vitlök
Albahaca	Basilika
Atún	Tonfisk
Azúcar	Socker
Canela	Kanel
Carne	Kött
Cebada	Korn
Cebolla	Lök
Ensalada	Sallad
Espinacas	Spenat
Fresa	Jordgubb
Jugo	Juice
Leche	Mjölk
Limón	Citron
Menta	Mynta
Nabo	Rova
Pera	Päron
Sal	Salt
Sopa	Soppa
Zanahoria	Morot

Comida #2
Mat #2

Alcachofa	Kronärtskocka
Almendra	Mandel
Apio	Selleri
Arroz	Ris
Berenjena	Äggplanta
Cereza	Körsbär
Chocolate	Choklad
Girasol	Solros
Huevo	Ägg
Jengibre	Ingefära
Kiwi	Kiwi
Manzana	Äpple
Pan	Bröd
Plátano	Banan
Pollo	Kyckling
Queso	Ost
Tomate	Tomat
Trigo	Vete
Uva	Druva
Yogur	Yoghurt

Conduciendo
Körning

Accidente	Olycka
Calle	Gata
Camión	Lastbil
Coche	Bil
Combustible	Bränsle
Frenos	Bromsar
Garaje	Garage
Gas	Gas
Licencia	Licens
Mapa	Karta
Motocicleta	Motorcykel
Motor	Motor
Peatonal	Fotgängare
Peligro	Fara
Policía	Polis
Seguridad	Säkerhet
Transporte	Transport
Tráfico	Trafik
Túnel	Tunnel
Velocidad	Hastighet

Cuerpo Humano
Människokroppen

Barbilla	Haka
Boca	Mun
Cabeza	Huvud
Cara	Ansikte
Cerebro	Hjärna
Codo	Armbåge
Corazón	Hjärta
Cuello	Hals
Dedo	Finger
Hombro	Axel
Lengua	Tunga
Mano	Hand
Nariz	Näsa
Ojo	Öga
Oreja	Öra
Piel	Hud
Pierna	Ben
Rodilla	Knä
Sangre	Blod
Tobillo	Fotled

Diplomacia
Diplomati

Asesor	Rådgivare
Comunidad	Gemenskap
Conflicto	Konflikt
Cooperación	Samarbete
Diplomático	Diplomatisk
Discusión	Diskussion
Embajada	Ambassad
Embajador	Ambassadör
Extranjero	Utländsk
Ética	Etik
Gobierno	Regering
Humanitario	Humanitär
Idiomas	Språk
Integridad	Integritet
Justicia	Rättvisa
Política	Politik
Resolución	Resolution
Seguridad	Säkerhet
Solución	Lösning
Tratado	Fördrag

Disciplinas Científicas
Vetenskapliga Discipliner

Anatomía	Anatomi
Arqueología	Arkeologi
Astronomía	Astronomi
Biología	Biologi
Bioquímica	Biokemi
Botánica	Botanik
Ecología	Ekologi
Fisiología	Fysiologi
Geología	Geologi
Inmunología	Immunologi
Lingüística	Lingvistik
Mecánica	Mekanik
Meteorología	Meteorologi
Mineralogía	Mineralogi
Neurología	Neurologi
Psicología	Psykologi
Química	Kemi
Sociología	Sociologi
Termodinámica	Termodynamik
Zoología	Zoologi

Días y Meses
Dagar och Månader

Abril	April
Agosto	Augusti
Año	År
Calendario	Kalender
Domingo	Söndag
Enero	Januari
Febrero	Februari
Jueves	Torsdag
Julio	Juli
Junio	Juni
Lunes	Måndag
Martes	Tisdag
Mes	Månad
Miércoles	Onsdag
Noviembre	November
Octubre	Oktober
Sábado	Lördag
Semana	Vecka
Septiembre	September
Viernes	Fredag

Ecología
Ekologi

Clima	Klimat
Comunidades	Samhällen
Diversidad	Mångfald
Especie	Art
Fauna	Fauna
Flora	Flora
Global	Global
Hábitat	Livsmiljö
Marino	Marin
Natural	Naturlig
Naturaleza	Natur
Pantano	Kärr
Plantas	Växter
Recursos	Medel
Sequía	Torka
Sostenible	Hållbar
Supervivencia	Överlevnad
Variedad	Mängd
Vegetación	Vegetation
Voluntarios	Frivilliga

Edificios
Byggnader

Albergue	Vandrarhem
Apartamento	Lägenhet
Castillo	Slott
Cine	Bio
Embajada	Ambassad
Escuela	Skola
Estadio	Stadion
Fábrica	Fabrik
Garaje	Garage
Granero	Lada
Granja	Gård
Hospital	Sjukhus
Hotel	Hotell
Laboratorio	Laboratorium
Museo	Museum
Observatorio	Observatorium
Supermercado	Mataffär
Teatro	Teater
Torre	Torn
Universidad	Universitet

Electricidad
El

Almacenamiento	Lagring
Batería	Batteri
Bombilla	Glödlampa
Cable	Kabel
Cables	Tråd
Cantidad	Kvantitet
Electricista	Elektriker
Eléctrico	Elektrisk
Enchufe	Uttag
Equipo	Utrustning
Generador	Generator
Imán	Magnet
Lámpara	Lampa
Láser	Laser
Negativo	Negativ
Objetos	Objekt
Positivo	Positiv
Red	Nätverk
Televisión	Tv
Teléfono	Telefon

Emociones
Känslor

Aburrimiento	Leda
Agradecido	Tacksam
Alegría	Glädje
Alivio	Lättnad
Amor	Kärlek
Avergonzado	Generad
Beatitud	Salighet
Bondad	Vänlighet
Contenido	Innehåll
Emocionado	Upphetsad
Ira	Ilska
Miedo	Rädsla
Paz	Fred
Relajado	Avslappnad
Satisfecho	Nöjd
Simpatía	Sympati
Sorpresa	Överraskning
Ternura	Ömhet
Tranquilidad	Lugn
Tristeza	Sorg

Energía
Energi

Batería	Batteri
Calor	Värme
Carbono	Kol
Combustible	Bränsle
Contaminación	Förorening
Diesel	Diesel
Electrón	Elektron
Eléctrico	Elektrisk
Entropía	Entropi
Fotón	Foton
Gasolina	Bensin
Hidrógeno	Väte
Industria	Industri
Motor	Motor
Nuclear	Kärnkraft
Renovable	Förnybar
Sol	Sol
Turbina	Turbin
Vapor	Ånga
Viento	Vind

Enfermedad
Sjukdom

Abdominal	Buk
Agudo	Akut
Alergias	Allergier
Contagioso	Smittsam
Corazón	Hjärta
Crónica	Kronisk
Cuerpo	Kropp
Débil	Svag
Genético	Genetisk
Hereditario	Ärftlig
Huesos	Ben
Inflamación	Inflammation
Inmunidad	Immunitet
Lumbar	Ländryggen
Neuropatía	Neuropati
Pulmonar	Pulmonell
Respiratorio	Respiratorisk
Salud	Hälsa
Síndrome	Syndrom
Terapia	Terapi

Especias
Kryddor

Agrio	Sur
Ajo	Vitlök
Amargo	Bitter
Anís	Anis
Azafrán	Saffran
Canela	Kanel
Cebolla	Lök
Clavo	Kryddnejlika
Comino	Kummin
Curry	Curry
Dulce	Söt
Hinojo	Fänkål
Jengibre	Ingefära
Nuez Moscada	Muskot
Pimentón	Paprika
Pimienta	Peppar
Regaliz	Lakrits
Sabor	Smak
Sal	Salt
Vainilla	Vanilj

Ética
Etik

Altruismo	Altruism
Bondad	Vänlighet
Compasión	Medkänsla
Cooperación	Samarbete
Dignidad	Värdighet
Diplomático	Diplomatisk
Filosofía	Filosofi
Honestidad	Ärlighet
Humanidad	Mänskligheten
Individualismo	Individualism
Integridad	Integritet
Optimismo	Optimism
Paciencia	Tålamod
Racionalidad	Rationalitet
Razonable	Rimlig
Realismo	Realism
Respetuoso	Respektfull
Sabiduría	Visdom
Tolerancia	Tolerans
Valores	Värden

Familia
Familj

Abuela	Mormor
Abuelo	Farfar
Antepasado	Förfader
Esposa	Fru
Hermana	Syster
Hermano	Bror
Hija	Dotter
Infancia	Barndom
Madre	Mor
Marido	Make
Materno	Moderns
Nieto	Barnbarn
Niño	Barn
Padre	Far
Paterno	Faderlig
Primo	Kusin
Sobrina	Syskonbarn
Sobrino	Brorson
Tía	Moster
Tío	Farbror

Filantropía
Filantropi

Caridad	Välgörenhet
Comunidad	Gemenskap
Contactos	Kontakter
Donar	Donera
Finanzas	Finans
Fondos	Medel
Generosidad	Generositet
Gente	Människor
Global	Global
Grupos	Grupper
Historia	Historia
Honestidad	Ärlighet
Humanidad	Mänskligheten
Juventud	Ungdom
Metas	Mål
Misión	Uppdrag
Necesitar	Behöver
Niños	Barn
Programas	Program
Público	Offentlig

Física
Fysik

Aceleración	Acceleration
Átomo	Atom
Caos	Kaos
Densidad	Densitet
Electrón	Elektron
Fórmula	Formel
Frecuencia	Frekvens
Gas	Gas
Gravedad	Allvar
Magnetismo	Magnetism
Masa	Massa
Mecánica	Mekanik
Molécula	Molekyl
Motor	Motor
Nuclear	Kärnkraft
Partícula	Partikel
Químico	Kemisk
Relatividad	Relativitet
Universal	Universell
Velocidad	Hastighet

Flores
Blommor

Amapola	Vallmo
Caléndula	Ringblomma
Diente de León	Maskros
Gardenia	Gardenia
Girasol	Solros
Hibisco	Hibiskus
Jazmín	Jasmin
Lavanda	Lavendel
Lila	Lila
Lirio	Lilja
Magnolia	Magnolia
Margarita	Tusensköna
Narciso	Påsklilja
Orquídea	Orkidé
Pasionaria	Passionflower
Peonía	Pion
Pétalo	Kronblad
Ramo	Bukett
Trébol	Klöver
Tulipán	Tulpan

Formas
Former

Arco	Båge
Bordes	Kanter
Cilindro	Cylinder
Círculo	Cirkel
Cono	Kon
Cuadrado	Torg
Cubo	Kub
Curva	Kurva
Elipse	Ellips
Esfera	Sfär
Esquina	Hörn
Hipérbola	Hyperbel
Lado	Sida
Línea	Linje
Oval	Oval
Pirámide	Pyramid
Polígono	Polygon
Prisma	Prisma
Rectángulo	Rektangel
Triángulo	Triangel

Fruta
Frukt

Aguacate	Avokado
Albaricoque	Aprikos
Baya	Bär
Cereza	Körsbär
Coco	Kokos
Frambuesa	Hallon
Guayaba	Guava
Kiwi	Kiwi
Limón	Citron
Mango	Mango
Manzana	Äpple
Melocotón	Persika
Melón	Melon
Naranja	Apelsin
Nectarina	Nektarin
Papaya	Papaya
Pera	Päron
Piña	Ananas
Plátano	Banan
Uva	Druva

Fuerza y Gravedad
Kraft och Gravitation

Centro	Centrum
Descubrimiento	Upptäckt
Dinámico	Dynamisk
Distancia	Avstånd
Eje	Axel
Expansión	Expansion
Física	Fysik
Fricción	Friktion
Impacto	Effekt
Magnetismo	Magnetism
Magnitud	Magnitud
Mecánica	Mekanik
Órbita	Omloppsbana
Peso	Vikt
Planetas	Planeter
Presión	Tryck
Propiedades	Egenskaper
Tiempo	Tid
Universal	Universell
Velocidad	Hastighet

Geografía
Geografi

Altitud	Höjd
Atlas	Atlas
Ciudad	Stad
Continente	Kontinent
Hemisferio	Halvklot
Isla	Ö
Latitud	Breddgrad
Longitud	Longitud
Mapa	Karta
Mar	Hav
Meridiano	Meridian
Montaña	Berg
Mundo	Värld
Norte	Norr
Oeste	Väst
País	Land
Región	Område
Río	Flod
Sur	Söder
Territorio	Territorium

Geología
Geologi

Ácido	Syra
Calcio	Kalcium
Capa	Lager
Caverna	Grotta
Continente	Kontinent
Coral	Korall
Cristales	Kristaller
Cuarzo	Kvarts
Erosión	Erosion
Estalactita	Stalaktit
Estalagmitas	Stalagmiter
Fósil	Fossil
Géiser	Gejser
Lava	Lava
Meseta	Platå
Minerales	Mineraler
Piedra	Sten
Sal	Salt
Terremoto	Jordbävning
Volcán	Vulkan

Geometría
Geometri

Altura	Höjd
Ángulo	Vinkel
Cálculo	Beräkning
Curva	Kurva
Diámetro	Diameter
Dimensión	Dimension
Ecuación	Ekvation
Horizontal	Horisontell
Lógica	Logik
Masa	Massa
Mediana	Median
Número	Siffra
Paralelo	Parallell
Proporción	Andel
Segmento	Segment
Simetría	Symmetri
Superficie	Yta
Teoría	Teori
Triángulo	Triangel
Vertical	Vertikal

Gobierno
Regeringen

Ciudadanía	Medborgarskap
Civil	Civil
Constitución	Konstitution
Democracia	Demokrati
Discurso	Tal
Discusión	Diskussion
Distrito	Distrikt
Estado	Stat
Igualdad	Jämlikhet
Independencia	Oberoende
Judicial	Rättslig
Justicia	Rättvisa
Ley	Lag
Libertad	Frihet
Líder	Ledare
Monumento	Monument
Nacional	Nationell
Nación	Nation
Política	Politik
Símbolo	Symbol

Granja #1
Gård #1

Abeja	Bi
Agricultura	Jordbruk
Agua	Vatten
Arroz	Ris
Burro	Åsna
Caballo	Häst
Cabra	Get
Campo	Fält
Cuervo	Kråka
Fertilizante	Gödsel
Gato	Katt
Heno	Hö
Miel	Honung
Perro	Hund
Pollo	Kyckling
Semillas	Frön
Ternero	Kalv
Tierra	Land
Vaca	Ko
Valla	Staket

Granja #2
Gård #2

Agricultor	Bonde
Animales	Djur
Cebada	Korn
Colmena	Bikupa
Comida	Mat
Cordero	Lamm
Fruta	Frukt
Granero	Lada
Huerto	Fruktträdgård
Leche	Mjölk
Llama	Lama
Maíz	Majs
Oveja	Får
Pastor	Herde
Pato	Anka
Prado	Äng
Riego	Bevattning
Tractor	Traktor
Trigo	Vete
Vegetal	Grönsak

Herboristería
Herbalism

Ajo	Vitlök
Albahaca	Basilika
Aromático	Aromatisk
Azafrán	Saffran
Calidad	Kvalitet
Culinario	Kulinarisk
Eneldo	Dill
Estragón	Dragon
Flor	Blomma
Hinojo	Fänkål
Ingrediente	Ingrediens
Jardín	Trädgård
Lavanda	Lavendel
Mejorana	Mejram
Menta	Mynta
Perejil	Persilja
Planta	Växt
Romero	Rosmarin
Sabor	Smak
Verde	Grön

Ingeniería
Teknik

Ángulo	Vinkel
Cálculo	Beräkning
Construcción	Konstruktion
Diagrama	Diagram
Diámetro	Diameter
Diesel	Diesel
Distribución	Distribution
Eje	Axel
Energía	Energi
Estabilidad	Stabilitet
Estructura	Struktur
Fricción	Friktion
Fuerza	Styrka
Líquido	Vätska
Máquina	Maskin
Medición	Mätning
Motor	Motor
Palancas	Spakar
Profundidad	Djup
Propulsión	Framdrivning

Instrumentos Musicales
Musikinstrument

Armónica	Munspel
Arpa	Harpa
Banjo	Banjo
Clarinete	Klarinett
Fagot	Fagott
Flauta	Flöjt
Gong	Gong
Guitarra	Gitarr
Mandolina	Mandolin
Marimba	Marimba
Oboe	Oboe
Pandereta	Tamburin
Percusión	Slagverk
Piano	Piano
Saxofón	Saxofon
Tambor	Trumma
Trombón	Trombon
Trompeta	Trumpet
Violín	Fiol
Violonchelo	Cello

Jardín
Trädgård

Arbusto	Buske
Árbol	Träd
Banco	Bänk
Césped	Gräsmatta
Estanque	Damm
Flor	Blomma
Garaje	Garage
Hamaca	Hängmatta
Hierba	Gräs
Huerto	Fruktträdgård
Jardín	Trädgård
Malezas	Ogräs
Manguera	Slang
Pala	Skyffel
Porche	Veranda
Rastrillo	Räfsa
Suelo	Jord
Terraza	Terrass
Trampolín	Trampolin
Valla	Staket

Jazz
Jazz

Artista	Konstnär
Álbum	Album
Canción	Låt
Compositor	Kompositör
Concierto	Konsert
Estilo	Stil
Énfasis	Betoning
Famoso	Känd
Favoritos	Favoriter
Género	Genre
Improvisación	Improvisation
Música	Musik
Músicos	Musiker
Nuevo	Ny
Orquesta	Orkester
Ritmo	Rytm
Talento	Talang
Tambores	Trummor
Técnica	Teknik
Viejo	Gammal

La Empresa
Företaget

Calidad	Kvalitet
Creativo	Kreativ
Decisión	Beslut
Global	Global
Industria	Industri
Ingresos	Inkomst
Innovador	Innovativt
Inversión	Investering
Negocio	Företag
Posibilidad	Möjlighet
Presentación	Presentation
Producto	Produkt
Profesional	Professionell
Progreso	Framsteg
Recursos	Medel
Reputación	Rykte
Riesgos	Risker
Salarios	Lön
Tendencias	Trender
Unidades	Enheter

Libros
Böcker

Autor	Författare
Aventura	Äventyr
Colección	Samling
Contexto	Sammanhang
Dualidad	Dualitet
Escrito	Skrivs
Historia	Berättelse
Histórico	Historisk
Humorístico	Humoristisk
Inmersión	Nedsänkning
Lector	Läsare
Literario	Litterär
Narrador	Berättare
Novela	Roman
Página	Sida
Pertinente	Relevant
Poema	Dikt
Poesía	Poesi
Serie	Rad
Trágico	Tragisk

Literatura
Litteratur

Analogía	Analogi
Análisis	Analys
Anécdota	Anekdot
Autor	Författare
Biografía	Biografi
Comparación	Jämförelse
Conclusión	Slutsats
Descripción	Beskrivning
Diálogo	Dialog
Estilo	Stil
Metáfora	Metafor
Narrador	Berättare
Novela	Roman
Opinión	Åsikt
Poema	Dikt
Poético	Poetisk
Rima	Rim
Ritmo	Rytm
Tema	Tema
Tragedia	Tragedi

Los Medios de Comunicación
Medium

Actitudes	Attityder
Comercial	Kommersiell
Comunicación	Kommunikation
Digital	Digital
Edición	Utgåva
Educación	Utbildning
En Línea	Uppkopplad
Financiación	Finansiering
Fotos	Foton
Hechos	Fakta
Industria	Industri
Intelectual	Intellektuell
Local	Lokal
Opinión	Åsikt
Periódicos	Tidningar
Público	Offentlig
Radio	Radio
Red	Nätverk
Revistas	Tidning
Televisión	Tv

Mamíferos
Däggdjur

Ballena	Val
Burro	Åsna
Caballo	Häst
Camello	Kamel
Canguro	Känguru
Cebra	Zebra
Conejo	Kanin
Coyote	Prärievarg
Delfín	Delfin
Elefante	Elefant
Gato	Katt
Gorila	Gorilla
Jirafa	Giraff
Lobo	Varg
Mono	Apa
Oso	Björn
Oveja	Får
Perro	Hund
Toro	Tjur
Zorro	Räv

Matemáticas
Matematik

Aritmética	Aritmetisk
Ángulos	Vinklar
Circunferencia	Omkrets
Cuadrado	Torg
Decimal	Decimal
Diámetro	Diameter
Ecuación	Ekvation
Esfera	Sfär
Exponente	Exponent
Fracción	Fraktion
Geometría	Geometri
Números	Tal
Paralelo	Parallell
Perpendicular	Vinkelrät
Polígono	Polygon
Radio	Radie
Rectángulo	Rektangel
Simetría	Symmetri
Triángulo	Triangel
Volumen	Volym

Mediciones
Mått

Altura	Höjd
Ancho	Bredd
Byte	Byte
Centímetro	Centimeter
Decimal	Decimal
Grado	Grad
Gramo	Gram
Kilogramo	Kilogram
Kilómetro	Kilometer
Litro	Liter
Longitud	Längd
Masa	Massa
Metro	Meter
Minuto	Minut
Onza	Uns
Peso	Vikt
Profundidad	Djup
Pulgada	Tum
Tonelada	Ton
Volumen	Volym

Meditación
Meditation

Aceptación	Godkännande
Atención	Uppmärksamhet
Bondad	Vänlighet
Calma	Lugn
Claridad	Klarhet
Compasión	Medkänsla
Emociones	Känslor
Gratitud	Tacksamhet
Mental	Psykisk
Mente	Sinne
Movimiento	Rörelse
Música	Musik
Naturaleza	Natur
Observación	Observation
Paz	Fred
Pensamientos	Tankar
Perspectiva	Perspektiv
Postura	Hållning
Respiración	Andas
Silencio	Tystnad

Mitología
Mytologi

Arquetipo	Arketyp
Celos	Svartsjuka
Cielo	Himmel
Comportamiento	Beteende
Creación	Skapande
Creencias	Tro
Criatura	Varelse
Cultura	Kultur
Desastre	Katastrof
Fuerza	Styrka
Guerrero	Krigare
Héroe	Hjälte
Inmortalidad	Odödlighet
Laberinto	Labyrint
Leyenda	Legend
Monstruo	Monster
Mortal	Dödlig
Rayo	Blixt
Trueno	Åska
Venganza	Hämnd

Moda
Mode

Bordado	Broderi
Botones	Knappar
Boutique	Boutique
Caro	Dyr
Elegante	Elegant
Encaje	Spets
Estilo	Stil
Mediciones	Mätningar
Minimalista	Minimalistisk
Moderno	Modern
Modesto	Blygsam
Original	Original
Patrón	Mönster
Práctico	Praktisk
Ropa	Kläder
Sencillo	Enkel
Sofisticado	Sofistikerad
Tejido	Tyg
Tendencia	Trend
Textura	Textur

Música
Musik

Armonía	Harmoni
Armónico	Harmonisk
Álbum	Album
Balada	Ballad
Cantante	Sångare
Cantar	Sjunga
Clásico	Klassisk
Coro	Kör
Grabación	Inspelning
Improvisar	Improvisera
Instrumento	Instrument
Melodía	Melodi
Micrófono	Mikrofon
Musical	Musikalisk
Músico	Musiker
Ópera	Opera
Poético	Poetisk
Ritmo	Rytm
Tempo	Tempo
Vocal	Sång

Naturaleza
Natur

Abejas	Bin
Animales	Djur
Ártico	Arktisk
Belleza	Skönhet
Bosque	Skog
Desierto	Öken
Dinámico	Dynamisk
Erosión	Erosion
Follaje	Lövverk
Glaciar	Glaciär
Niebla	Dimma
Nubes	Moln
Pacífico	Fredlig
Refugio	Skydd
Río	Flod
Salvaje	Vild
Santuario	Fristad
Sereno	Lugn
Tropical	Tropisk
Vital	Avgörande

Negocio
Företag

Carrera	Karriär
Costo	Kosta
Descuento	Rabatt
Dinero	Pengar
Economía	Ekonomi
Empleado	Anställd
Empleador	Arbetsgivare
Empresa	Företag
Fábrica	Fabrik
Finanzas	Finans
Impuestos	Skatter
Inversión	Investering
Mercancía	Varor
Moneda	Valuta
Oficina	Kontor
Presupuesto	Budget
Tienda	Butik
Trabajo	Jobb
Transacción	Transaktion
Venta	Försäljning

Nutrición
Näring

Amargo	Bitter
Apetito	Aptit
Calidad	Kvalitet
Calorías	Kalorier
Carbohidratos	Kolhydrater
Cereales	Spannmål
Comestible	Ätlig
Dieta	Kost
Digestión	Matsmältning
Equilibrado	Balanserad
Fermentación	Jäsning
Nutriente	Näringsämne
Peso	Vikt
Proteínas	Proteiner
Sabor	Smak
Salsa	Sås
Salud	Hälsa
Saludable	Friska
Toxina	Toxin
Vitamina	Vitamin

Números
Nummer

Catorce	Fjorton
Cero	Noll
Cinco	Fem
Cuatro	Fyra
Decimal	Decimal
Diecinueve	Nitton
Dieciocho	Arton
Dieciséis	Sexton
Diecisiete	Sjutton
Diez	Tio
Doce	Tolv
Dos	Två
Nueve	Nio
Ocho	Åtta
Quince	Femton
Seis	Sex
Siete	Sju
Trece	Tretton
Tres	Tre
Veinte	Tjugo

Océano
Hav

Alga	Alger
Anguila	Ål
Arrecife	Rev
Atún	Tonfisk
Ballena	Val
Barco	Båt
Camarón	Räka
Cangrejo	Krabba
Coral	Korall
Delfín	Delfin
Esponja	Svamp
Mareas	Tidvatten
Medusa	Manet
Ostra	Ostron
Pescado	Fisk
Pulpo	Bläckfisk
Sal	Salt
Tiburón	Haj
Tormenta	Storm
Tortuga	Sköldpadda

Paisajes
Landskap

Cascada	Vattenfall
Cueva	Grotta
Desierto	Öken
Estuario	Flodmynning
Géiser	Gejser
Glaciar	Glaciär
Iceberg	Isberg
Isla	Ö
Lago	Sjö
Laguna	Lagun
Mar	Hav
Montaña	Berg
Oasis	Oas
Pantano	Träsk
Península	Halvö
Playa	Strand
Río	Flod
Tundra	Tundra
Valle	Dal
Volcán	Vulkan

Países #1
Länder #1

Alemania	Tyskland
Argentina	Argentina
Bélgica	Belgien
Brasil	Brasilien
Canadá	Kanada
Ecuador	Ecuador
Egipto	Egypten
España	Spanien
Filipinas	Filippinerna
Honduras	Honduras
India	Indien
Italia	Italien
Libia	Libyen
Malí	Mali
Marruecos	Marocko
Nicaragua	Nicaragua
Noruega	Norge
Panamá	Panama
Polonia	Polen
Venezuela	Venezuela

Países #2
Länder #2

Albania	Albanien
Australia	Australien
Austria	Österrike
Dinamarca	Danmark
Etiopía	Etiopien
Francia	Frankrike
Grecia	Grekland
Indonesia	Indonesien
Irlanda	Irland
Jamaica	Jamaica
Japón	Japan
Laos	Laos
México	Mexico
Pakistán	Pakistan
Portugal	Portugal
Rusia	Ryssland
Siria	Syrien
Sudán	Sudan
Ucrania	Ukraina
Uganda	Uganda

Pájaros
Fåglar

Avestruz	Struts
Águila	Örn
Cigüeña	Stork
Cisne	Svan
Cuco	Gök
Cuervo	Kråka
Flamenco	Flamingo
Ganso	Gås
Garza	Häger
Gaviota	Mås
Gorrión	Sparv
Halcón	Hök
Huevo	Ägg
Loro	Papegoja
Paloma	Duva
Pato	Anka
Pelícano	Pelikan
Pingüino	Pingvin
Pollo	Kyckling
Tucán	Toucan

Plantas
Växter

Arbusto	Buske
Árbol	Träd
Bambú	Bambu
Baya	Bär
Bosque	Skog
Botánica	Botanik
Cactus	Kaktus
Fertilizante	Gödsel
Flor	Blomma
Flora	Flora
Follaje	Lövverk
Frijol	Böna
Hiedra	Murgröna
Hierba	Gräs
Hoja	Blad
Jardín	Trädgård
Musgo	Mossa
Pétalo	Kronblad
Raíz	Rot
Vegetación	Vegetation

Profesiones #1
Yrken # 1

Abogado	Advokat
Astrónomo	Astronom
Atleta	Idrottare
Bailarín	Dansare
Banquero	Bankir
Bombero	Brandman
Cartógrafo	Kartograf
Cazador	Jägare
Doctor	Läkare
Editor	Redaktör
Embajador	Ambassadör
Enfermera	Sjuksköterska
Entrenador	Tränare
Fontanero	Rörmokare
Geólogo	Geolog
Joyero	Juvelerare
Músico	Musiker
Pianista	Pianist
Psicólogo	Psykolog
Veterinario	Veterinär

Profesiones #2
Yrken # 2

Agricultor	Bonde
Astronauta	Astronaut
Bibliotecario	Bibliotekarie
Biólogo	Biolog
Cirujano	Kirurg
Dentista	Tandläkare
Detective	Detektiv
Filósofo	Filosof
Fotógrafo	Fotograf
Ilustrador	Illustratör
Ingeniero	Ingenjör
Inventor	Uppfinnare
Investigador	Forskare
Lingüista	Lingvist
Médico	Läkare
Periodista	Journalist
Piloto	Pilot
Pintor	Målare
Profesor	Lärare
Zoólogo	Zoolog

Psicología
Psykologi

Cita	Utnämning
Clínico	Klinisk
Cognición	Kognition
Comportamiento	Beteende
Conflicto	Konflikt
Ego	Ego
Emociones	Känslor
Evaluación	Bedömning
Ideas	Idéer
Inconsciente	Medvetslös
Infancia	Barndom
Pensamientos	Tankar
Percepción	Uppfattning
Personalidad	Personlighet
Problema	Problem
Realidad	Verklighet
Sensación	Känsla
Subconsciente	Undermedvetna
Sueños	Drömmar
Terapia	Terapi

Química
Kemi

Alcalino	Alkalisk
Ácido	Syra
Calor	Värme
Carbono	Kol
Catalizador	Katalysator
Cloro	Klor
Electrón	Elektron
Enzima	Enzym
Gas	Gas
Hidrógeno	Väte
Ion	Jon
Líquido	Vätska
Metales	Metaller
Molécula	Molekyl
Nuclear	Kärnkraft
Oxígeno	Syre
Peso	Vikt
Reacción	Reaktion
Sal	Salt
Temperatura	Temperatur

Restaurante #2
Restaurang nr 2

Agua	Vatten
Almuerzo	Lunch
Bebida	Dryck
Camarero	Servitör
Cena	Middag
Cuchara	Sked
Delicioso	Läcker
Ensalada	Sallad
Especias	Kryddor
Fideos	Nudlar
Fruta	Frukt
Hielo	Is
Huevos	Ägg
Pastel	Kaka
Pescado	Fisk
Sal	Salt
Silla	Stol
Sopa	Soppa
Tenedor	Gaffel
Verduras	Grönsaker

Ropa
Kläder

Abrigo	Päls
Blusa	Blus
Bufanda	Halsduk
Camisa	Skjorta
Chaqueta	Jacka
Cinturón	Bälte
Collar	Halsband
Delantal	Förkläde
Falda	Kjol
Guantes	Handskar
Joyas	Smycken
Moda	Mode
Pantalones	Byxor
Pijama	Pyjamas
Pulsera	Armband
Sandalias	Sandaler
Sombrero	Hatt
Suéter	Tröja
Vestido	Klänning
Zapato	Sko

Salud y Bienestar #1
Hälsa och Välbefinnande

Activo	Aktiv
Altura	Höjd
Bacterias	Bakterie
Clínica	Klinik
Doctor	Läkare
Farmacia	Apotek
Fractura	Fraktur
Hambre	Hunger
Hábito	Vana
Hormonas	Hormoner
Huesos	Ben
Medicina	Medicin
Músculos	Muskler
Piel	Hud
Postura	Hållning
Reflejo	Reflex
Relajación	Avkoppling
Terapia	Terapi
Tratamiento	Behandling
Virus	Virus

Salud y Bienestar #2
Hälsa och Välbefinnande

Alergia	Allergi
Anatomía	Anatomi
Apetito	Aptit
Caloría	Kalori
Dieta	Kost
Digestión	Matsmältning
Energía	Energi
Enfermedad	Sjukdom
Estrés	Påfrestning
Genética	Genetik
Higiene	Hygien
Hospital	Sjukhus
Infección	Infektion
Masaje	Massage
Nutrición	Näring
Peso	Vikt
Recuperación	Återhämtning
Saludable	Friska
Sangre	Blod
Vitamina	Vitamin

Selva Tropical
Regnskog

Anfibios	Amfibier
Botánico	Botanisk
Clima	Klimat
Comunidad	Gemenskap
Diversidad	Mångfald
Especie	Art
Indígena	Inhemsk
Insectos	Insekter
Mamíferos	Däggdjur
Musgo	Mossa
Naturaleza	Natur
Nubes	Moln
Pájaros	Fåglar
Preservación	Bevarande
Refugio	Tillflykt
Respeto	Respekt
Restauración	Restaurering
Selva	Djungel
Supervivencia	Överlevnad
Valioso	Värdefull

Senderismo
Vandring

Acantilado	Klippa
Agua	Vatten
Animales	Djur
Botas	Stövlar
Camping	Camping
Cansado	Trött
Clima	Klimat
Cumbre	Toppmöte
Guías	Guide
Mapa	Karta
Montaña	Berg
Mosquitos	Mygg
Naturaleza	Natur
Orientación	Orientering
Parques	Parker
Pesado	Tung
Piedras	Stenar
Preparación	Förberedelse
Salvaje	Vild
Sol	Sol

Suministros de Arte
Konstmaterial

Aceite	Olja
Acrílico	Akryl
Acuarelas	Akvareller
Agua	Vatten
Arcilla	Lera
Borrador	Suddgummi
Caballete	Staffli
Carbón	Träkol
Cámara	Kamera
Cepillos	Borstar
Colores	Färger
Creatividad	Kreativitet
Ideas	Idéer
Lápices	Pennor
Mesa	Tabell
Papel	Papper
Pegamento	Lim
Pinturas	Färg
Silla	Stol
Tinta	Bläck

Tiempo
Tid

Ahora	Nu
Antes	Före
Anual	Årlig
Año	År
Ayer	Igår
Calendario	Kalender
Década	Årtionde
Día	Dag
Futuro	Framtid
Hora	Timme
Hoy	Idag
Mañana	Morgon
Mediodía	Middag
Mes	Månad
Minuto	Minut
Momento	Ögonblick
Noche	Natt
Reloj	Klocka
Semana	Vecka
Siglo	Århundrade

Tipos de Cabello
Hårtyper

Blanco	Vit
Brillante	Skinande
Calvo	Skallig
Corto	Kort
Delgada	Tunn
Gris	Grå
Grueso	Tjock
Largo	Lång
Marrón	Brun
Negro	Svart
Ondulado	Vågig
Plata	Silver
Rizado	Lockigt
Rizos	Lockar
Rubio	Blond
Saludable	Friska
Seco	Torr
Suave	Mjuk
Trenzado	Flätad
Trenzas	Flätor

Universo
Universum

Asteroide	Asteroid
Astronomía	Astronomi
Astrónomo	Astronom
Atmósfera	Atmosfär
Celestial	Himmelsk
Cielo	Himmel
Cósmico	Kosmisk
Ecuador	Ekvator
Galaxia	Galax
Hemisferio	Halvklot
Horizonte	Horisont
Latitud	Breddgrad
Longitud	Longitud
Luna	Måne
Oscuridad	Mörker
Órbita	Omloppsbana
Solar	Sol
Solsticio	Solstånd
Telescopio	Teleskop
Visible	Synlig

Vacaciones #2
Semester # 2

Aeropuerto	Flygplats
Carpa	Tält
Destino	Destination
Extranjero	Utlänning
Fotos	Foton
Hotel	Hotell
Isla	Ö
Mapa	Karta
Mar	Hav
Ocio	Fritid
Pasaporte	Pass
Playa	Strand
Reservas	Reservationer
Restaurante	Restaurang
Taxi	Taxi
Transporte	Transport
Tren	Tåg
Vacaciones	Semester
Viaje	Resa
Visa	Visum

Vehículos
Fordon

Ambulancia	Ambulans
Autobús	Buss
Avión	Flygplan
Balsa	Flotte
Barco	Båt
Bicicleta	Cykel
Camión	Lastbil
Caravana	Husvagn
Coche	Bil
Cohete	Raket
Ferry	Färja
Helicóptero	Helikopter
Lanzadera	Skyttel
Metro	Tunnelbana
Motor	Motor
Neumáticos	Däck
Submarino	Ubåt
Taxi	Taxi
Tractor	Traktor
Tren	Tåg

Verduras
Grönsaker

Ajo	Vitlök
Alcachofa	Kronärtskocka
Apio	Selleri
Berenjena	Äggplanta
Brócoli	Broccoli
Calabaza	Pumpa
Cebolla	Lök
Ensalada	Sallad
Espinacas	Spenat
Guisante	Ärta
Jengibre	Ingefära
Nabo	Rova
Oliva	Oliv
Patata	Potatis
Pepino	Gurka
Perejil	Persilja
Rábano	Rädisa
Seta	Svamp
Tomate	Tomat
Zanahoria	Morot

Enhorabuena

Lo has conseguido!

Esperamos que hayas disfrutado de este libro tanto como nosotros al diseñarlo. Nos esforzamos por crear libros de la máxima calidad posible.
Esta edición está diseñada para proporcionar un aprendizaje inteligente, de calidad y divertido!

¿Te ha gustado este libro?

Una Petición Sencilla

Estos libros existen gracias a las reseñas que se publican.
¿Podrías ayudarnos dejando una reseña ahora?
Aquí tienes un breve enlace a la página de reseñas

BestBooksActivity.com/Opiniones50

¡DESAFÍO FINAL!

Reto n°1

¿Estás listo para tu juego gratis? Los utilizamos siempre, pero no son tan fáciles de encontrar. ¡Aquí están los **Sinónimos!**
Escribe 5 palabras que hayas encontrado en los rompecabezas (#21, #36, #76) y trata de encontrar 2 sinónimos para cada palabra.

Escriba 5 palabras del **Puzzle 21**

Palabras	Sinónimo 1	Sinónimo 2

Escriba 5 palabras del **Puzzle 36**

Palabras	Sinónimo 1	Sinónimo 2

Escriba 5 palabras del **Puzzle 76**

Palabras	Sinónimo 1	Sinónimo 2

Reto n°2

Ahora que te has calentado, escribe 5 palabras que hayas encontrado en los Puzzles 9, 17 y 25 e intenta encontrar 2 antónimos para cada palabra. ¿Cuántos puedes encontrar en 20 minutos?

Escriba 5 palabras del **Puzzle 9**

Palabras	Antónimo 1	Antónimo 2

Escriba 5 palabras del **Puzzle 17**

Palabras	Antónimo 1	Antónimo 2

Escriba 5 palabras del **Puzzle 25**

Palabras	Antónimo 1	Antónimo 2

Reto n°3

¡Genial! Este desafío final no es nada para ti.

¿Preparado para el reto final? Elige 10 palabras que hayas descubierto en los diferentes rompecabezas y escríbelas a continuación.

1.	6.
2.	7.
3.	8.
4.	9.
5.	10.

Ahora escribe un texto pensando en una persona, un animal o un lugar que te guste.

Puedes usar la última página de este libro como borrador.

Tu Composición:

CUADERNO DE NOTAS :

HASTA PRONTO !

Todo el Equipo

DESCUBRA JUEGOS GRATIS

GO

↓

BESTACTIVITYBOOKS.COM/FREEGAMES